日経文庫
NIKKEI BUNKO

アジアのビジネスモデル
新たな世界標準

村山 宏

日本経済新聞出版

はじめに

アジアの時代といわれて久しい。今やアジアの国内総生産（GDP）は世界の3割以上を占める。アジア経済の成長の陰には日米欧とは異なるアジア企業独自のビジネスモデルがあった。気がつけば日本企業はアジア企業に敗北を重ねていた。欧米流の視点で産業をとらえ、アジアで起きている変化を見逃した。日本のビジネスはずっと欧米のビジネスを追いかけてきた。メディアの伝えるアジアのビジネス情報も少なく、アジア企業の実力が伝わらなかった。筆者は新聞記者として情報の偏りに悔しい思いを抱き続けた。もう一度、日本企業がアジアで輝きを取り戻すためには、アジアのビジネスモデルを知ることが絶対に不可欠だ。

筆者は日本の国際報道を「遣唐使ジャーナリズム」と呼んできた。日本人の国外への関心の持ち方は遣唐使の昔から先進国に偏りがちだ。遣唐使は当時の先進国だった唐の文物を日本に持ち帰るのが役割だった。現代の日本の報道も欧米先進国の情勢を伝えることに終始してきた。日本とは対照的に英国は19世紀の昔から通信社や新聞が世界中に情報網を張り巡らし、先進地域や植民地の区別なく海外情報を大量に本国に伝えていた。ロンドンにいても欧州情勢はもちろん中東、アフリカの動向を理解でき、遠く上海の出来事まで把握できた。

もう一つ、日本のジャーナリズムの欠点として挙げられるのが発信力の弱さだ。現代はインターネットが発達し、知ろうとすれば十分すぎるほどの現地情報が簡単に入ってくる。むしろ、その情報をどう整理し、使える情報として発信するのかが問われる。アジアのビジネスモデルが日本に伝わらなかったのは、筆者をはじめとする日本メディアの発信能力がつたなかった面もある。英フィナンシャル・タイムズ（FT）紙に代表されるように、英国のジャーナリズムは集めた情報を分析し、世界に向けて発信している。

筆者の勤める日本経済新聞社は時代の変化に合わせ、2013年から「アジアBiz」面を創設し、アジアのビジネス情報を日本の読者に届ける試みを始めた。筆者もアジアBiz面の創設に関わることができ、遣唐使ジャーナリズムの克服にわずかばかりだが貢献できたと思っている。だが、課題は残った。入手したアジアのビジネス情報をわかりやすく発信することまでには至らなかったのだ。「アジアのビジネスモデルはよくわからない」という不満があちこちから聞こえてきた。以来、アジアのビジネスモデルを一望してもらう良い方法はないかと考え続け、ようやくこのような形のビジネス書の執筆にたどり着いた。

2021年10月

村山　宏

アジアのビジネスモデル──新たな世界標準──　目次

序章

アジア企業の実力

世界のGDPの3割がアジア

アジア経済の現在の立ち位置の確認から始めたい。国際通貨基金（IMF）によると、2020年の世界の国内総生産（GDP）は84兆5400億ドル（約9300兆円）に達した。このうちアジア太平洋地域（中東地域を除くが、太平洋の島嶼国、オセアニアを含む）は31兆6300億ドルと、全体の37%を占めた。日本を除いても31%であり、世界の付加価値の3割以上がアジアで生み出されている（図序－1）。

1980年にアジア太平洋地域が占めるGDPの比率は21%にすぎなかった。その半分が日本であり、日本を除いたアジアのGDPは世界の1割程度だった。2000年は27%に伸びたが、日本を除けばやはり1割強にとどまった。それからわずか20年ほどでアジア太平洋地域の比率が3割を超えたわけだ。中国の発展が大きくシェアを引き上げた形だが、インドと東南アジアが着実にGDPを増やしたことも貢献した。

1980年当時、日本国内でシェア上位の企業であれば、たとえ欧米に商品の輸出をしていない内需型産業の企業であってもアジアではトップクラスとみなされた。アジアのGDPの半分が日本だったからだ。ところが、2020年では日本のGDPはアジア太平洋地域の16%まで落ちている。日本国内でいくら大きな規模を誇ってもアジアのトップクラスの企業とは限らなくなった。それどころかアジア企業は欧米市場でシェアを伸ばし、輸出型の日本企業も守勢に立たされている。

規模で日本企業を上回る

企業の社会への影響力の大きさは利益よりも売上高の大きさに表れる。売上高が大きければそこに関わっている人、物、金、企業も多いからだ。米フォーチュン誌の企業売上高ランキング（2021年8月発表、前年度の業績でランク付け）を見渡すと、上位は米国と中国企業で占められている。中国の国有企業は利益が相対的に小さいが、世界への影響力は無視できない。日本企業はトヨタ自動車が2567億ドルで9位に入ったが、かつて日本が席巻したエレクトロニクス産業関連ではソニーの848億ドル（88位）にとどまる（表序－1）。

これに対して韓国のサムスン電子が2007億ドル（15位）、シャープの親会社の台湾の鴻海精密工業が1819億ドル（22位）とソニーを大きく上回った。ソニーとパナソニック（631億ドル、154位）の売上高を足して

図序−1　世界のGDP

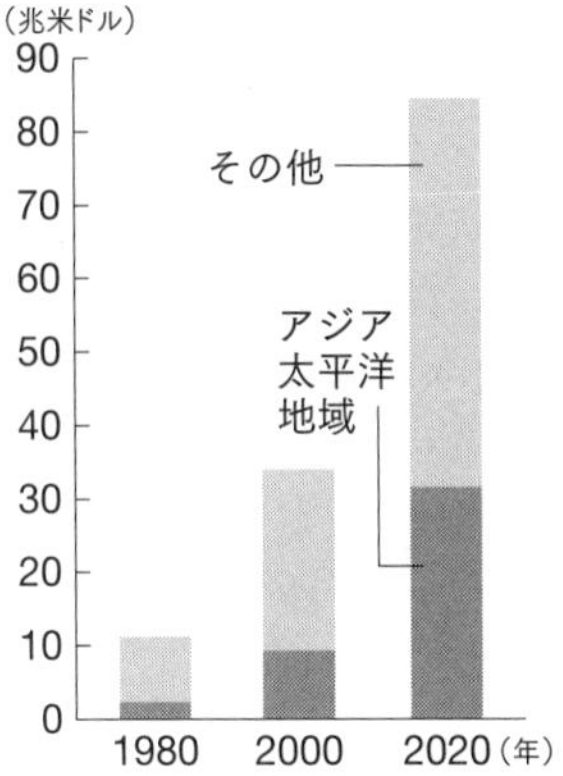

［出所］IMF
［注］市場為替レートベース

表序−1　企業売上高ランキング（2020年度）

（単位：百万米ドル）

順位	企業名	国・地域	売上高	利益
1	ウォルマート	米国	559,151	13,510
2	国家電網	中国	386,617	5,580
3	アマゾン	米国	386,064	21,331
4	中国石油天然気集団	中国	283,957	4,575
5	中国石油化工集団	中国	283,727	6,205
6	アップル	米国	274,515	57,411
7	CVSヘルス	米国	268,706	7,179
8	ユナイテッドヘルス・グループ	米国	257,141	15,403
9	トヨタ自動車	日本	256,721	21,180
10	フォルクスワーゲン	ドイツ	253,965	10,103
11	バークシャー・ハザウェイ	米国	245,510	42,521
12	マクケッソン	米国	238,228	−4539
13	中国建築集団	中国	234,425	3,578
14	サウジアラムコ	サウジアラビア	229,766	49,286
15	サムスン電子	韓国	200,734	22,116
22	鴻海精密工業	台湾	181,945	3,456
48	ホンダ	日本	124,240	6,201
51	三菱商事	日本	121,542	1,627
88	ソニー	日本	84,893	11,053

［出所］フォーチュン
［注］百万米ドル未満は切り捨て

表序−2　時価総額ランキング（2021年3月末）

（単位：10億米ドル）

順位	企業名	国・地域	時価総額
1	アップル	米国	2,051
2	サウジアラムコ	サウジアラビア	1,920
3	マイクロソフト	米国	1,778
4	アマゾン	米国	1,558
5	アルファベット（グーグル）	米国	1,393
6	フェイスブック	米国	839
7	テンセント	中国	753
8	テスラ	米国	641
9	アリババ集団	中国	615
10	バークシャー・ハザウェイ	米国	588
11	TSMC	台湾	534
12	VISA	米国	468
13	JPモルガン・チェース	米国	465
14	ジョンソン・エンド・ジョンソン	米国	433
15	サムスン電子	韓国	431
32	トヨタ自動車	日本	254

［出所］ブルームバーグ、PwC

もサムスンと鴻海の単独の売上高には届かない。サムスンと鴻海はこれだけの規模があるにもかかわらず、業界関係者を除けば、2010年頃まで両社を知っている日本人はまれだった。

企業の体力や将来性はどうか。株価には企業の稼ぐ力と将来性が反映されるため、時価総額を見ればおおよその見当がつく（表序－2）。時価総額のランキング（2021年3月末）では米国のIT企業に混じって中国の騰訊控股（テンセント・ホールディングス）とアリババ集団がトップ10にランクインした。この2社は民営企業（私営企業）であり、稼ぐ力も将来性もあると世界の投資家から見られているのだ。さらに11位には半導体ファウンドリーの台湾積体電路製造（TSMC）の名前が見える。トヨタは32位にとどまった。

シェア上位にアジア企業

具体的な消費財のシェアを見ても日本企業の劣勢は明らかだ。2010年以降、パソコンのシェア上位は中国のレノボ、米国のヒューレッド・パッカード（HP）、デル、アップル、台湾のエイサー、エイスースが入れ替わり立ち代わり順位を争ってきた。2000年前後までは日本のNECがトップ5に入っていたが、日本勢はズルズルと後退を続けた。スマートフォン（スマホ）に至っては、日本企業は最初から外国企業に太刀打ちできず、シェア上位にはアップル、サムスンのほか、中国のVIVO（ビボ）といった日本人には馴染みのないブランドが

図序−2　パソコンの世界シェア（2021年1〜3月、出荷ベース）

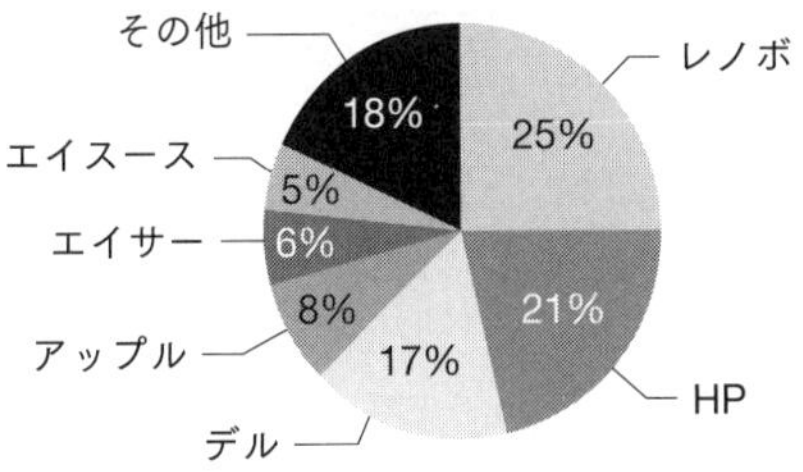

［出所］ガートナー

図序−3　スマートフォンの世界シェア（2021年1〜3月、出荷ベース）

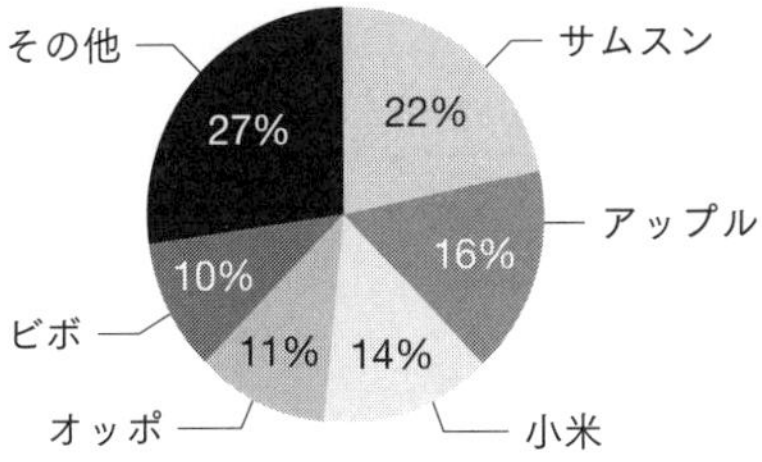

［出所］IDC

上位を占めている（図序−2、3）。

自動車はトヨタグループの販売台数が1000万台前後で推移し、フォルクスワーゲンと毎年、1位争いをしているが、韓国の現代自動車グループも一時は700万台を超え、5位につけていた。現代のすぐ後ろには中国の上海汽車集団が追いかけてきている。ガソリン車での日本企業の優位を崩すため、欧米と中国の自動車メーカーは急

表序−3　電気自動車のブランド別販売台数（2021年1〜3月）

順位	ブランド	台数
1	テスラ	18万4,500
2	上汽通用五菱汽車	10万2,574
3	BMW	6万6,494
4	フォルクスワーゲン	5万9,732
5	BYD	5万3,608
⋮	⋮	⋮
13	起亜	2万8,126
14	トヨタ	2万2,391

全販売台数112万8,003台

［出所］EV Sales 速報値

速に電気自動車（EV）にシフトしている。2021年1〜3月の電気自動車販売台数では米国のテスラが18万台を記録し、日本勢でトップのトヨタを8倍以上も上回った。中国の上海通用五菱やBYDも上位におり、韓国の起亜自動車もトヨタより多い（表序−3）。

自動車は伝統的なガソリン車から電気自動車や水素燃料電池などクリーンエネルギー車への変わり目を迎えつつある。日本はハイブリッド車を中心に販売し、電気自動車には消極的だった。フィーチャーフォンからスマホへと携帯電話機が大きく切り替わるタイミングで日本は失速したが、自動車では同じような失敗を繰り返したくないものだ。

ローテクとみなされがちな産業でもアジア企業の伸長は明らかになっている。家畜用飼料の生産高ランキングではタイのCPグループがトップであり、2位は中国の新希望集団だ。穀物メジャーがこの分野を牛耳ってきたといわれてきたが、メジャーの代表格のカーギルは3位にとどまる。アジアで飼料が多量に生産されるようになったのは、GDPの伸びとともに食肉やタマゴなどの需要が高まったからだ。日本のコンビニエンスストアにはCPで生産し、加工された肉関連の惣菜や食品が数多く並んでいる。原料の輸入で日本の「農協」が恐れられた時代は過去のものになりつつある（表序－4）。

表序－4　飼料企業の生産量

順位	企業名	国・地域	生産量（万トン）
1	CPグループ	タイ	2,765
2	新希望集団	中国	2,000
3	カーギル	米国	1,960
4	ランド・オー・レイクス	米国	1,350
5	温氏食品集団	中国	1,200
⋮	⋮	⋮	⋮
13	JA全農	日本	7,200

［出所］WATT Gloval Media

新たなグローバルスタンダード

こうしたアジア企業の隆盛を前にすると途端に反省を始める日本人が多い。「日本政府や日銀は経済政策で何を間違ったのか」「バブル経済崩壊後の企業経営の欠点は何か」「産業や科学技術振興に資金が回っていない」などなど……。生真面目な日本人の特性なのかもしれないが、反省ばかりで相手企業の研究がおろそかになってしまった。アジア企業が伸びたのは日本企業の失策によるものばかりではけっしてない。

アジア企業は低廉な労働力と模倣によって発展したと理解されがちだが、先進国企業との競争や協調の中でアジア企業が自分自身の手でつかんだビジネスモデルが発展に貢献した。そうでなければこれだけ長期間、成長を維持することはできない。アジア独自のビジネスモデルは時代の要請や新興国の政策とマッチしながら、欧米や日本と異なる独自のモデルへと進化した。例えば半導体のファウンドリー（受託生産）は下請けから始まったが、半導体設計企業の設計・製造を支援する高付加価値産業へとモデルを高めていった。ファウンドリーは半導体業界の新たな経営グローバルスタンダードとなり、米インテルまで追随している。

アジア企業のビジネスモデルに日本は無頓着だった。ファウンドリーを単なる生産代行ビジネス程度に考え、深く知ろうとしなかった。サムスンの垂直統合型の生産体制についても日本企業の経営手法の真似だと決めつけ、サムスンが独自に改革した部分には目を向けなかった。日本企業が米国型のビジネスモデルを学んだり、日本型経営の是非を仲間内で語っていたりしている間にアジアで生まれたビジネスモデルは着実に発展を続けた。

日本企業が伸びていくためにはアジアでのビジネスがますます重要となる。アジア企業と競争するにしろ、協調するにしろ、相手を知ることが基本となる。本書は日本が軽視してきたアジアのビジネスモデルを一から理解するために書かれている。ビジネスモデルを把握しやすいようにいくつかの工夫をしてみた。

まず類似したビジネスモデルを10章のカテゴリーに分け、各企業を振り分けた。各章ではモデルを象徴する各社の典型的なビジネス事例を3つずつ掲げている。企業の具体的なビジネスをもとにモデルの説明をするとともに、モデルが生まれた背景を簡単に説明している。理解を助けるために各事例のそばにはモデルの模式図を置いている。かなり単純化された模式図だが、説明文と合わせて見ていただければおおよそモデルのありようはつかめると考えた。

モデルの相互の関連性を考慮しつつ、第1章から第10章まで並べている。例えば、第1章の受託生産の成り立ちを知ったうえで読めば、第2章のファブレス企業の誕生の経緯が容易に理解できる。続いて第3章では受託生産や水平分業に対抗するため、アジアの垂直統合モデルがどう進化しているかについて取り上げている。もちろん関心のあるビジネスモデルから読んでいただいて構わないが、関連するモデルを後からでも参照すればビジネス全体でのモデルの位置づけがしやすくなるだろう。

本書はビジネスモデルに特化して記述しており、取り上げた企業のビジネス全般や基礎データはわずかに触れるにとどめている。詳細な財務データは載せていないため、関心を持たれた方は企業のホームページでご確認をいただきたい。本書はあくまで日本企業がどのようなアジアのビジネスモデルと対峙しているのかを理解していただくことを目的にしている。言うまでもなく、取り上げた経営モデルに絶対的な普遍性があるとは限らない。モデルを一覧したうえでモデルの長所や短所を吟味し、ビジネスの参考にしていただければ幸いである。

（注）企業名は基本的に初出の場合は正式名称を用いているが、その後は略称を使っている。ただ、台湾プラスチック（正式にはフォルモサプラスチックス）のように、すでに日本で馴染んだ名前や別称がある場合は併用している。カタカナや漢字の表記法は日本経済新聞におおむね準拠している。為替レートは２０２１年９月中旬を基準にした。読みやすさを優先し、引用の出典や参考文献は重要なものだけにとどめた。

第1章

受託生産
――エレクトロニクス産業のゲームチェンジャー

最初に、台湾のエレクトロニクス産業で発展した受託生産のビジネスモデルをいくつか見ていきたい。自分の商品ブランドを持たずに、他企業の製品を生産する事業形態だ。単なる下請け産業とばかり思われていた受託生産は、やがてエレクトロニクス業界の地殻変動を引き起こすことになる。

1　ファウンドリー＝台湾積体電路製造（TSMC、台湾）

世界最大のファウンドリーの台湾積体電路製造（TSMC）は、電子回路の線幅が2ナノ（ナノは10億分の1）メートルの最先端半導体を製造する工場を新竹科学園区に建設する。2ナノの製品の試験生産には成功しており、工場は2024年にも稼働する。TSMCは2020年前半に5ナノ製品の量産を開始した。台南では3ナノ製品の工場を建設しており、2022年にも量産に入る。ライバルのサムスン電子は2020年後半、TSMCに半年遅れて5ナノ製品の量産に着手した。米インテルは大幅に遅れ、同じ水準の半導体の量産は早くても2022年になる見通しだ。微細加工ではTSMCが世界最先端を走る。

図1-1　半導体ファウンドリーの仕組み

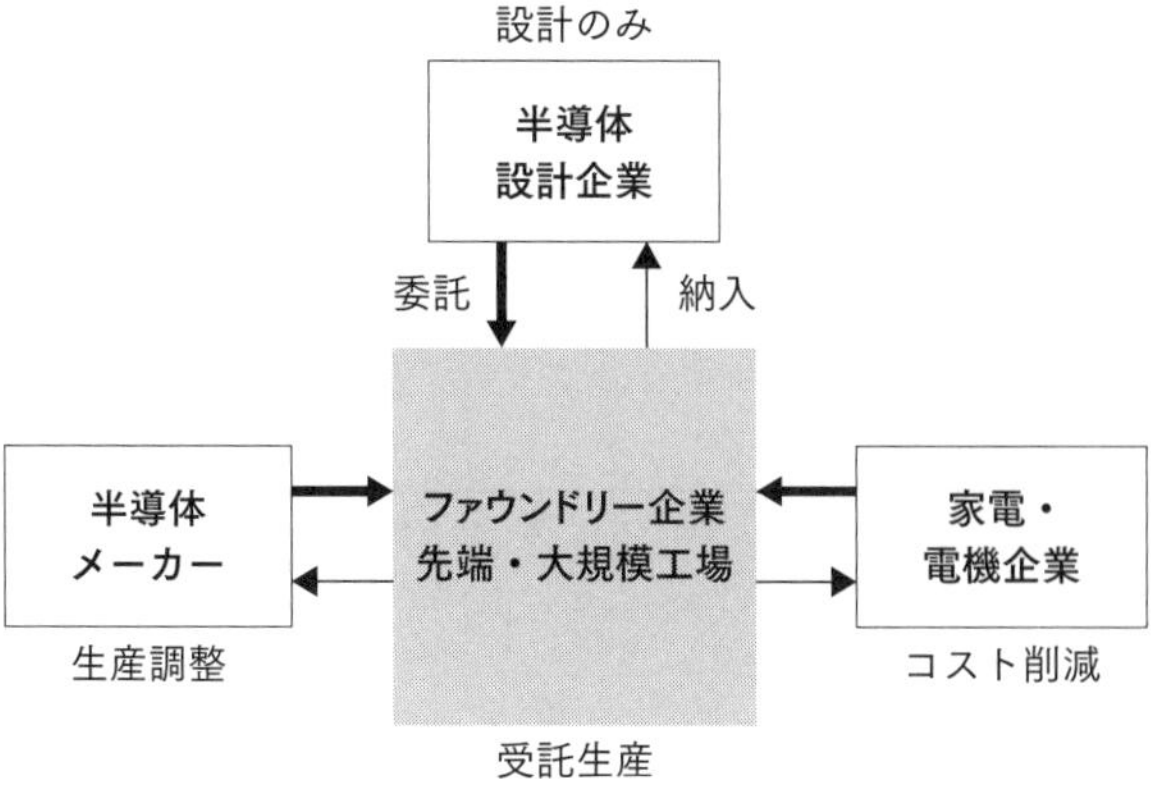

ＴＳＭＣは、ファウンドリーと呼ばれるビジネスモデルの開拓者だ。大規模な受託生産企業の先駆けでもある。ファウンドリー（foundry）は英語で鋳物工場を意味するが、半導体業界では「製造工場」の意味で使われている。ＴＳＭＣは米インテルと韓国サムスン電子と並び、世界３大半導体製造企業の一角であり、微細加工では３社の中でトップに位置する。最先端の技術を有しているにもかかわらず、あまり名前を知られてこなかったのは、自社ブランドの製品の販売をしていないからだ。他社が設計した半導体をひたすら製造するだけで自社製品は作らない。

世界最先端の微細加工技術

半導体は電気を通したり、通さなかったりする特殊な物質を指す。この性質を利用して作った電

表 1−1　ファウンドリーのシェア（2021 年 1〜3 月）

企業（国・地域）	売上高（億米ドル）	シェア（%）
TSMC（台湾）	129	55
サムスン電子（韓国）	41	17
UMC（台湾）	16	7
グローバルファウンドリーズ（米国）	13	5
SMIC（中国）	11	5

［出所］トレンドフォースの速報値
［注］企業名は略称

子回路を大量に集めたチップを半導体（集積回路、ICチップ）と呼ぶことも多い。電子回路の線幅が小さいほどたくさんの半導体素子を詰め込むことができ、チップの能力を引き上げられる。TSMCは線幅5ナノの電子回路の量産体制を確立したが、これを2ナノまで小さくするという。半導体はスマートフォンから家電、自動車に至るまで搭載されており、現代生活に欠かせない工業製品だ。

TSMCが登場する1980年代以前の半導体業界では、一つの企業が半導体を自ら設計、生産し、販売まで手がけるのが一般的だった。さらに進んで自社で生産した半導体を自社のコンピューターや家電・電機製品に搭載する企業も多かった。TSMCはそれまでの半導体業界の常識をくつがえし、半導体製造工程の一部に集中するビジネスモデルを展開した。半導体回路を作る前工程に事業を絞り込み、作成した回路をチップに加工する後工程と呼ばれる作業すら別会社に任せている。

特殊な事業形態と見られがちだが、ＴＳＭＣが創業した１９８７年には半導体の受託生産が成立する機が熟していた。その頃、米国では半導体を設計する技術者が独立し、半導体企業が続々と生まれていた。しかし、自前の工場を保有するのは不可能に近かった。生産設備を持つためには巨額の資金を必要としたからだ。資金の乏しい新興の半導体企業は設計に専心するファブレス（工場を持たない形態）の道を選んだ。ファブレス企業にとって設計通りに半導体回路を作ってくれるＴＳＭＣの存在はありがたかった。ＴＳＭＣは黎明期の半導体ファブレスの生産を請け負いつつ、成長の階段を上り始めた。

ＴＳＭＣに生産を依頼したのはファブレス企業だけではなかった。大手の家電・電機メーカーも自社設計の半導体の生産の一部をファウンドリーに委託した。特殊な用途の半導体は自社工場で生産するよりもファウンドリーに生産を任せるほうが安上がりだった。半導体専門のメーカーですらファウンドリーを利用することもあった。自前の生産ラインがふさがっていたり、わずかな量を生産したりする場合に、ファウンドリーは調整弁として便利だった。

選択と集中の申し子

ファウンドリーは「選択と集中」と呼ばれる経営手法の申し子かもしれない。あれこれと複数の事業や工程に手を出せば経営資源が分散し、技術も高まらず効率も高まらない。一つの事業に的を絞り、経営資源を集中して投下するほうが成長しやすい。半導体ファブレスは設計のみに集中することで製品性能と生産効率を引き上げた。家電・電機業界も自社の製品に必要な半導体の生産に集中し、コストのかかる少量の特殊半導体はファウンドリーに任せた。TSMC自身も回路を作る前工程に集中し、微細加工技術の向上に資源を投入した。

TSMCは世界中の半導体関連企業から生産を委託されるようになり、生産設備はフル稼働状態となった。半導体生産の設備は高額の機械が多く、多額の資金を投じて導入した生産ラインが動かなければ大赤字になる。逆に常にフル稼働ならば高利益が見込める。生産関連以外にほぼ手を出していないため、余分な経費がかからない。売上高営業利益率が10％もあれば優良企業といわれるが、TSMCの営業利益率は40％前後と驚くべき高収益企業になっている。

高収益企業として外国人投資家から高い評価を受け、株式時価総額はインテルの2倍の5500億ドル前後で推移する（2021年8月）。株価が高ければ増資がしやすく、資金調達も容易となる。100億ドルを超える純利益と高い株価を背景にTSMCは毎年のように100億ドル以上の設備投資を繰り返してきた。最先端の製造機械の導入で加工技術は向上し、さらに多くの受注を獲得することになった。

受託量が増え生産規模が大きくなれば、半導体素材メーカーや製造装置メーカーもTSMCを向くようになる。最先端の露光装置を製造するオランダのASMLは2020年、台湾南部の台南にトレーニングセンターを開所した。露光装置はシリコンウエハー上に電子回路を焼き付ける工程で使われ、この精度が電子回路の線幅を小さくできるかどうかを決める。台南にはＴＳＭＣの工場があり、微細加工のオペレーションを共同で実現する。

日本企業も台湾に集結した。回路の基盤となるシリコンウエハー、電子回路の焼き付け工程に使うフォトマスク、加工後の洗浄に使う高純度フッ化水素のような半導体素材関連のメーカーだ。最先端の製造装置と高レベルの半導体材料が集まればＴＳＭＣの技術水準は一段と高まる。技術が規模を呼び、規模が技術を呼ぶ好循環を繰り返している。

ファウンドリーが半導体産業の中核に

もっとも、ＴＳＭＣがファウンドリーというモデルを好き好んで始めたわけではなかった。１９８０年代半ばに台湾政権は半導体産業の育成を目指し、米テキサス・インスツルメンツ（ＩＴ）で半導体事業の副社長を務めた張忠謀（モリス・チャン）氏を招聘した。１９８７年に台湾で半導体を事業化するに当たってチャン氏が選んだのがファウンドリーだった。当時、データを記録するメモリー分野のＤＲＡＭ（ディーラム）は日本が先行しており、追いかけるためには大きな設備投資が不可欠だった。パソコンの頭脳に当たる中央演算処理装置（ＣＰＵ）は米国が得意としており、こちらの追随も難しかった。

汎用性のあるDRAMやCPUを自ら設計し、量産したかったのだが、技術に遅れ、販売力を欠くうえ、資金にも乏しい当時の台湾には無理だった。設計から販売まで手がけるのは、資金と人材の分散という点で問題だった。そこでTSMCはASIC（エーシック）と呼ばれる半導体に目をつけた。ASICは家電や産業機器、自動車など特定の用途に使われる半導体だ。様々な半導体企業がユーザーの用途に応じて少量のASICを開発していた。その生産をTSMCは請け負おうと考えた。大手企業がやりたがらない多品種少量の半導体を受託生産するしか選択肢がなかった。いわば隙間狙いの商売だった。TSMCと同じように台湾行政院の支援で設立された聯華電子（UMC）もファウンドリーへ事業転換した。

こうした経緯から日本ではファウンドリーを「下請け企業」と見なす風潮が続いた。しかしTSMCは下請けに甘んじなかった。しばらくすると、顧客の半導体ファブレス向けに半導体を製造するための様々なサービスを提供し始めた。例えば、設計情報の提供だ。半導体を一から設計していたのでは時間とコストがかかるため、すでに開発された回路ブロック（IPコア）を組み合わせて作る手法が普及した。TSMCは世界中のIPコアを集めたライブラリーを設け、顧客企業がそこにあるIPコアを使って設計を短時間で済ませられるようにした。

コンピューター上で技術開発から工場での量産までシミュレーションできるサービスも1990年代から提供している。さらに、インターネットを通じて顧客企業は発注製品の生産の進み具合の把握ができる。ＴＳＭＣは生産受託会社の枠を超え、設計から製造までのノウハウを顧客に提供するサービス会社の面も持つようになった。ＴＳＭＣに頼れば誕生間もないファブレスでも半導体の製造ができるのだ。半導体をＴＳＭＣと共同開発するようなものだ。顧客向けの開発支援サービスを提供することでＴＳＭＣは下請け企業の地位から脱却した。ＴＳＭＣは最先端の微細加工技術を身につけ、スマホに使われる高性能半導体の受注を獲得していった。

半導体業界では、設計から生産、販売まで一貫して手がけるサムスンとインテルの二巨頭の時代が長く続いた。サムスンがパソコンに不可欠なメモリーを作り、インテルがパソコンのＣＰＵの製造を主導していた。しかし、２０１０年代にＩＴ端末の主役がパソコンからスマホに切り替わると、ファウンドリーの立場は強くなった。工場を持たないクアルコムなどファブレス企業がスマホ向け半導体で勢力を伸ばした。ファブレス企業は生産工場のＴＳＭＣを奪い合うようになり、ＴＳＭＣは存在感を増した。ＴＳＭＣの株式時価総額は二巨頭を上回るようになった。

自社設計による一貫生産にこだわってきた半導体メーカーも悠長に構えているわけにはいかなくなった。サムスンやインテルも、他社の半導体を受託生産するファウンドリー事業に乗り出した。中国でもファウンドリーの中芯国際集成電路製造（ＳＭＩＣ）が誕生し、政府が育成に努めている。いつのまにか半導体業界は設計と生産を分離することが当たり前となり、ファウンドリーが半導体生産ビジネスのメインストリームとなっていた。残念ながら、日本の半導体メーカーはファウンドリーが隆盛となる前に凋落してしまった。バブル崩壊で収益が悪化し、半導体の設備投資競争から振り落とされた。有力なファウンドリー企業は生まれず、微細加工技術で後れをとり、最先端の半導体を日本国内で生産することが難しくなっている。

2 EMS＝鴻海精密工業(フォックスコン、台湾)

EMS（電子機器の受託製造サービス）の世界最大手、鴻海精密工業は中国河南省鄭州にある工場で米アップルのスマートフォンの「iPhone」を受託生産している。中国メディアによれば、毎分350台を生産しており、iPhoneの世界出荷個数の50％がこの工場で生産されているという。鴻海はインド工場では中国のスマホメーカー、小米（シャオミ）のスマホの受託生産をしている。山東省煙台にも工場があり、ゲーム機を受託生産している。

台湾ではEMS（Electronics Manufacturing Services）と呼ばれる受託生産の形式も盛んに

図1-2　EMS企業のビジネスモデル

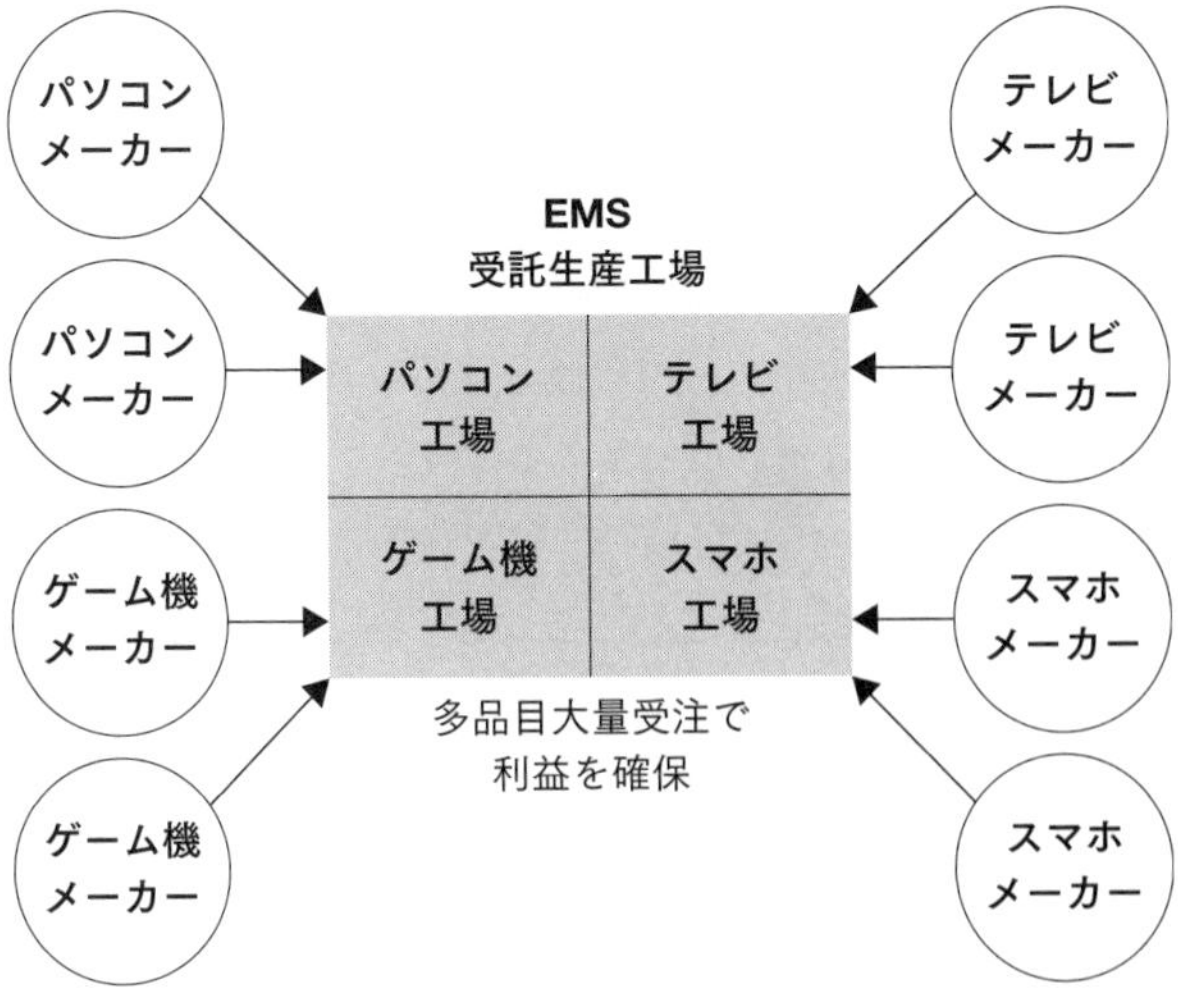

なった。テレビやパソコン、スマホ、ゲーム機など電子機器の生産を請け負う事業形態を指す。中国語では「電子代工」と言うが、こちらのほうがわかりやすいかもしれない。EMSは1970年代後半に米国で始まった。電子機器の組み立てそのものは人件費がかさむだけで利益が薄く、多くの企業が組み立てや単純な部品の製造を外部の企業に任せるようになった。アウトソーシング（外部委託）と呼ばれる経営手法だ。

旧コンパックコンピュータ（ヒューレット・パッカードと合併）、デルなど米国の新興パソコンメーカーは組み立て作業をアウトソーシングすることで製品価格を抑えた。EMSもファウンドリーも米国の経営手法の変化から生まれた点では同じだ。台湾の電子機器メーカーは米パソコンメーカー向けに部品や回路基板を生産していたが、1990年代に入ると完成品を納入する受託生産へと切り替えていった。多くの台湾企業がパソコン生産に集中するなかで、テレビを含む多品目の受託生産で伸びたのが鴻海精密工業だった。世界最大のEMS企業に発展し、シャープを買収するに至った。

短納期・大量生産のわがままに応える

鴻海も、2000年代前半にかけてはデスクトップ型パソコンの半完成品の受託生産で成長した。EMS業界で鴻海が圧倒的な地位を占めるようになったのは、2007年に発売された米アップルのiPhoneの生産を勝ち取ってからだろう。iPhoneの年間出荷台数は2億台を上回り、そのうちの6割が鴻海の工場で生産されているといわれる。アップルに続き、鴻海は中国の華為技術（フ

表1-2　主なEMSとODM（2020年）

企業名	国・地域	売上高（10億米ドル）
鴻海（ホンハイ）	台湾	182
和碩（ペガトロン）	台湾	47.5
広達（クアンタ）	台湾	37
仁宝（コンパル）	台湾	35.6
緯創（ウィストロン）	台湾	28.7
ジェイビル	米国	28.3
フレックス	シンガポール	23.3

［注］売上高はフォーブス。企業名は略称

アーウェイ）や小米（シャオミ）からもスマホの生産を任された。

鴻海はパソコンやスマホにとどまらず、ゲーム機、テレビ、プリンター、デジタルカメラなどのあらゆる電子機器の受託生産を手がけ、いずれも複数の企業から受注し大量生産につなげている。中国の広東省深圳ではパソコン、河南省鄭州ではスマホ、山東省煙台ではゲーム機、四川省成都ではタブレットを組み立てるなど工場ごとに製品を分けている。深圳だけでピーク時は30万―40万人を雇用し、中国全体では100万人を超えていた。

中国以外ではメキシコにあったソニーのテレビ工場を買収したほか、欧州企業と取引するためにポーランドやチェコ、ハンガリーにも早くから生産拠点を構えた。アップルの生産に応じる目的で、ブラジルやインドへの進出も早かった。他の台湾企業が中国への展開に終始したのに対し、鴻海だけが顧客（生産委託をしてくるブランド企業）の市場を意識したグローバルな生産体制の布陣を敷いていた。鴻海の成功は圧倒的な数の低賃金労働者によるものと見られてきたが、それだけで成し遂げられたわけではない。

EMSの顧客はきわめてわがままだ。短納期で高品質な製品を大量生産するよう突然に求めてくる。顧客のわがままに応えるには部品を短期間で作らなければならない。EMSという業態から誤解されがちだが、鴻海は単純な組み立て企業ではない。コネクターや筐体（外側の箱）などの多くの部品を内製化しており、部品を作るための金型を自ら製作している。顧客から注文を受ければ部品や筐体を即座に作り、組み立てに回す。

鴻海は郭台銘（テリー・ゴウ）氏が1974年に創業し、最初はテレビのつまみなどのプラスチック製品を生産していた。ここで培った金型の技術が威力を発揮する。鴻海の金型技術者は3万人以上といわれる。アップルからの受託を勝ち取ったのも滑らかな筐体を作る技術に優れていたからだ。アップルは後にスマホの筐体を樹脂から金属に変えたが、金属加工は手間がかかる。工作機械を使って切削し、磨いていかなければならない。金型で培った金属加工の技術がなければ実現できない。当初、アップルの要求に合わせられる企業は鴻海以外になかった。

創業者の郭氏のワンマン経営であることも顧客企業との対応をスムーズにしている。郭氏の号令一下で生産工程や品目を調整することも可能であり、顧客企業の難しい要求にも応えられた。日本のオーナー経営の中小企業が得意とした金型づくりや部品製造が競争力の源泉なのだ。その意味で鴻海は巨大な中小企業といえ、中小企業の活力を生かしている。

低い利益率を大規模化でカバー

同じ受託業態でありながら、EMSとファウンドリーが異なるのは、EMSの利益が極端に少ない点にある。半導体の製造が高額な機械を使った装置産業であるのに対し、電子機器の組み立て作業はもともと人手に頼った労働集約型の事業だ。今でこそ組み立ての自動化は進んだが、生産ラインに半導体の製造のような高額な機械が設置されていない。半導体の製造は生産工程が難しいから外部に依頼するものであるが、組み立ては利益の出ない作業を外部に押し出すものと位置づけられてきた。ＥＭＳ企業は少量の受託では採算がとれず、複数の企業から似たような製品を大量に受託し、大量生産で利益を確保しなければならない。

鴻海の売上高営業利益率は2、3％程度にとどまる。ＥＭＳというビジネスモデルで利益を増やそうとすれば規模を大きくするほかに道はなかった。２０００年の連結売上高は９７８億台湾ドル（２０２１年のレートで約３９００億円）、営業利益が１０５億台湾ドルだった。２０１０年には売上高が2兆９９７２億台湾ドルへと30倍に伸びたが、営業利益は８６１億台湾ドルと8倍程度の伸びにとどまった。利益率の低い仕事を大量に受注してきた状況を物語る。２０２０年の売上高は5兆３５８０億台湾ドルと日本円換算で20兆円企業になったものの、営業利益は１１０８億台湾ドルだった。

それでも規模を拡大することによって手にした資金で２０１６年にはシャープを傘下に収めた。２０２０年度の連結売上高はソニーグループ（約9兆円）やパナソニック（約6兆７０００億円）の売上高を合わせた額よりも大きくなった。鴻海にとどまらず、受託生産企業は規模を急速に膨らませている。生産委託をする側の企業も、大量生産に耐えられる大きなＥＭＳに頼らざるを得なくなっている。規模が大きくなればファウンドリー同様に原材料や設備メーカーを引きつけることができ、こちらの方面でも影響力が高まっている。

3　ODM＝広達電脳（クアンタ、台湾）

ODM事業大手の広達電脳（クアンタコンピュータ）は2020年、欧州半導体メーカーのSTマイクロエレクトロニクスと拡張現実（AR）を使ったスマートグラスの開発設計で提携した。スマートグラスはメガネと同じように着用すると、実際の景色に重ねて情報を表示してくれる端末だ。例えば、交差点に近づくと道案内をしてくれたり、博物館で展示品の説明をしてくれたりすることが可能になる。STマイクロはグラスに搭載する小型のディスプレイ技術を有し、クアンタはスマートグラスそのものの設計と製造能力を持っている。低消費電力で一日中かけていられるグラスを開発する。

1990年代後半になると電子機器の受託生産にODMと呼ばれる進化形が現れた。EMSはOEM（Original Equipment Manufacturing：相手先ブランドによる生産）から発展したビジネスであり、顧客企業が開発した製品をそのまま製造するのが仕事だ。これに対してODM

図1-3　ODMとOEMの違い

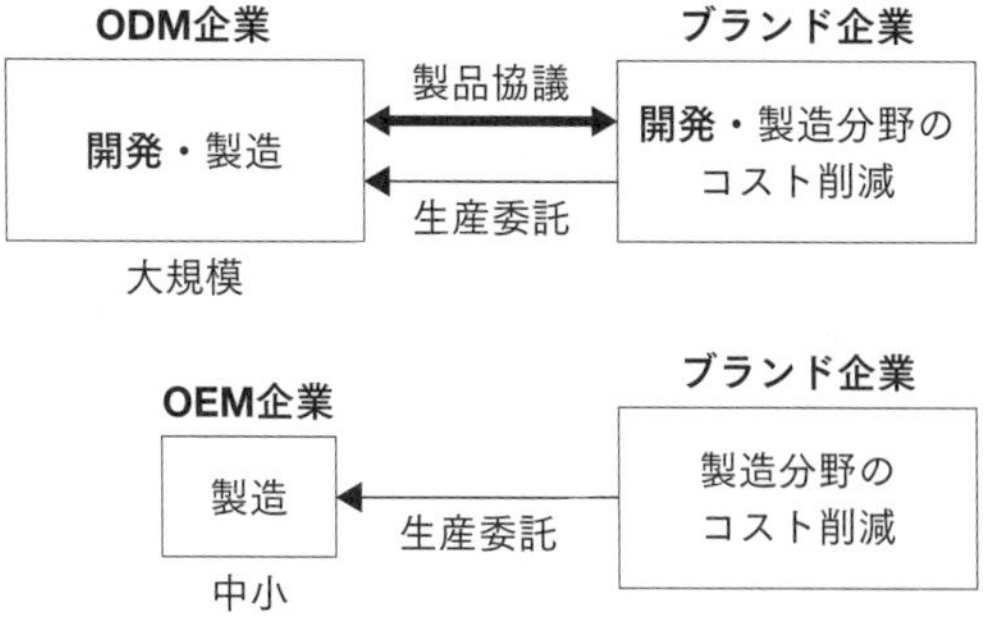

（Original Design Manufacturing：相手先ブランドによる設計・生産）は自ら製品を設計し、そのうえで顧客企業向けに生産を代行するビジネスを指す。ODM企業は自前の研究開発（R&D）部門やマーケティングチームを持ち、顧客企業の商品コンセプトに沿った製品を設計し、生産する。実際にはEMSとODMの事業は重なる部分が多いが、最大の違いは製品設計能力を強調するかしないかにある。

米IT企業のハード機器進出を陰で支える

クアンタはODMの先駆者として知られる。ノート型パソコンやタブレット、サーバー、スマートウォッチなど様々な製品を独自に設計し、大手IT企業に採用を働きかけてきた。一部は自社ブランドで売り出すほどの高い製品開発能力を持っている。生産拠点は中国に構え、台湾の本社では研究開発に取り組んでいる。次の主力製品の候補にはスマートグラスもあるようだ。STマイクロのディスプレイ技術を応用しながらスマートグラスを設計・製造し、大手ブランドに採用を働きかけていくとみられる。クアンタは自動車の自動走行技術にも資金を投じるなど、製品の幅をパソコン以外に広げる努力をしている。

米IT企業にとってODMの登場はきわめて便利だった。パソコンなどハードウェアの設計をするには専門のチームが必要となる。ODMがあればハードウェアの開発・製造を任せられるようになり、自らはソフトウェアやコンテンツ（内容）、マーケティングに集中できる。マイクロソフトやグーグル、アマゾンなどソフトウェアやインターネットを主戦場としてきた米IT企業がパソコンやタブレットなどのハード機器に参入し、シェアを拡大できたのは、クアンタなど台湾のODMがハードの開発と生産を陰で支えてきたからだ。2020年のノート型パソコンの世界出荷量は約2億2000万台だったが、クアンタだけで5980万台に達した。世界のノート型パソコンの4台に1台はクアンタが生産したことになる。新型コロナウイルスの流行で在宅勤務が増え、グーグルのChromeの基本ソフト（OS）を搭載したパソコンが大きく売れ行きを伸ばした。

もっとも、ODM企業の発言力が高まったとはいえ、ビジネス全体では米IT企業がソフトウェアを押さえ、様々なネット技術を有するため、有利な面は変わらない。ODM企業は製造面の研究開発を肩代わりさせられているだけともいえる。同じODMの仁宝電脳工業（コンパル）ら複数社と激しい受注競争をしており、受注価格の低下を招いた。部品の調達価格も顧客企業からの指図を受ける。クアンタの売上高営業利益率は1、2％で推移してきており、鴻海の2、3％よりもさらに低い。

アジア太平洋分業の誕生

クアンタのもう一つの特徴は国境を越えて生産地と消費地を結ぶグローバルネットワークをいち早く築いた点だ。米国では1990年代からBTO（Build To Order）と呼ばれるパソコンの販売方法が広まった。消費者がカタログを見ながら自分の好みに応じて仕様を決め（カスタマイズ）、インターネットなどでメーカーに注文を出す方式だ。注文を受けた米メーカーは数十分以内にクアンタに仕様を伝える。伝達を受けたクアンタの中国工場では仕様に合わせて在庫部品を集め、数時間以内に仕様通りのパソコンを組み立てる。

できあがったパソコンはすぐさま国際配送業者に渡され、米国の消費者のもとに直接届けられる。ネットでの注文からわずか2、3日で米国の消費者がカスタマイズされたパソコンを手に入れられる。クアンタは全体の物の流れをコーディネートし、在庫管理を担う。米企業側にとっては過剰な在庫を持つリスクがなくなり、好都合な仕組みだった。米企業から物流機能を

図1-4　国境を越えた分業ネットワーク

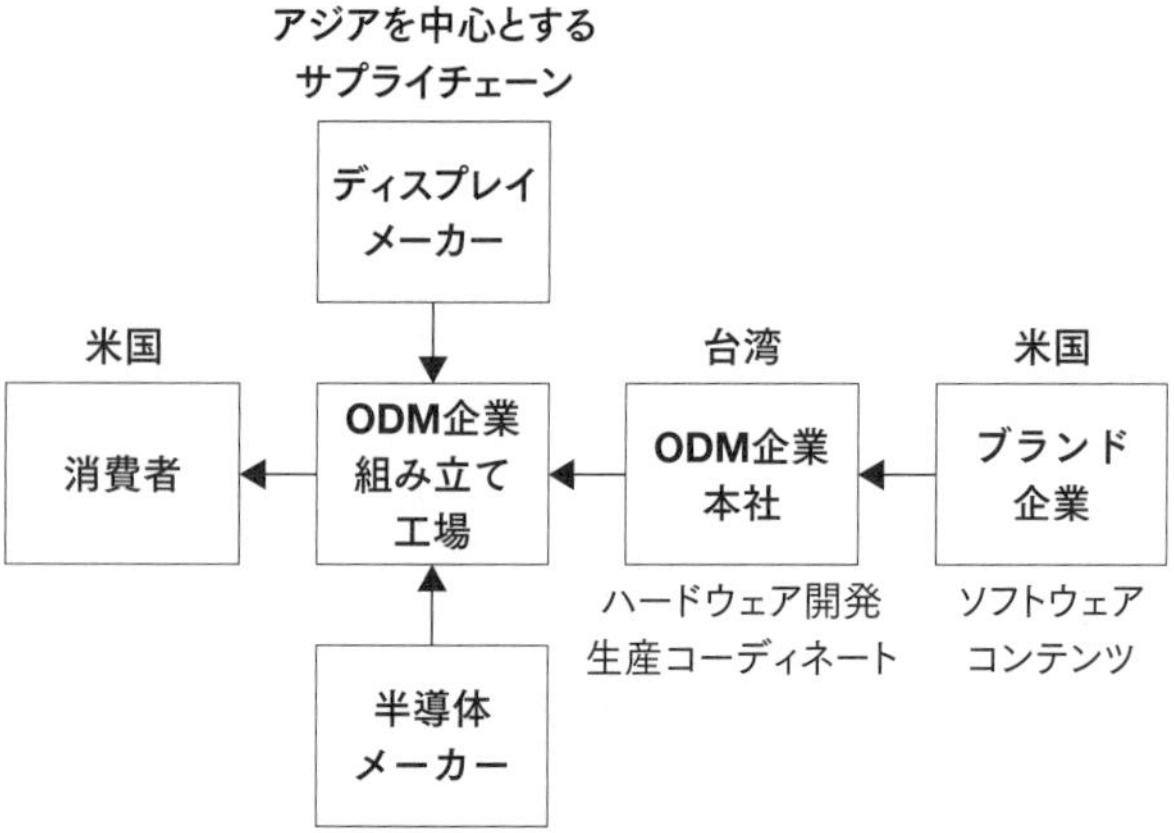

整えたクアンタへの委託が集中した。

アジア太平洋の分業が可能となったのは、アジア地域内に電子部品のサプライチェーンが確立したことも大きい。半導体メモリー、液晶パネルは早くからアジアが生産拠点だったが、ＣＰＵも一部がアジアで作られるようになった。多くの台湾の電子部品メーカーが中国で生産を始め、内製をしなくとも簡単に高品質の部品を調達できるようになった。マザーボード、コネクター、ファンモーター、ＳＤカード、電源、キーボード、マウス……。注文を受けたＯＤＭ企業が部品や周辺機器を調達し、製品を組み立てられる環境ができあがっていった。

こうしてアジア太平洋にまたがる分業体制が完成した。米国企業が基本ソフトなどＩＴ技術の根幹を担い、台湾企業が材質などハードウェアの研究開発に従事し、アジアに散らばる各専門企業が得意な部品を大量生産し、最後にODMが中国で組み立てるというものだ。

水平分業の破壊力

海を越えて企業群が連携しながらものづくりをする手法をいつの頃からか「水平分業」と呼ぶようになった。一社が主導権を握るのではなく、独立した企業が横並びで結びついていることから名づけられたものだろう。しかも、状況に応じて企業の組み合わせは日々変わる。最適な価格、品質、技術、納期を求めて各社がパートナーを柔軟に変えていく。自動車部品の「系列」のように自動車メーカーを中核に互いが強固に結びついた固定的な関係とは異なる。水平分業が本当に同等な関係なのかどうかは後の章で見ていきたいが、エレクトロニクス業界のものづくりを一変させたことは確かだ。

水平分業が登場するまでエレクトロニクスの業界では一社が企画・開発から製造、販売までを一貫して手がける「垂直統合型」のビジネスモデルが主流だった。垂直統合モデルは一つの組織内で事業がほぼ完結するため、製品開発の相乗効果や品質管理に強いとされていた。しかし、すべてを手がける大規模組織は硬直化しやすく、製造コストも割高になりやすい。新たに登場した水平分業モデルではコストが大幅に削減でき、パソコンやテレビの価格は急激に低下した。垂直統合型のビジネスから撤退した米IT企業は、より付加価値の高いソフトウェアや人工知能（AI）、ネットワーク技術へとビジネスの重心を移した。

日本企業は垂直統合モデルによる高コスト経営を続けた結果、水平分業モデルに転じた米国企業や台湾企業に太刀打ちできなかった。急激な価格の低下についていけず、テレビやパソコン、スマホからの撤退が相次いだ。最終製品にとどまらず、半導体、液晶など中核部品の製造でもつまずいた。米IT企業との技術格差もかえって広がった。気がつけば、日本の家電・電機産業は総崩れとなっていた。振り返ってみると、水平分業の端緒を開いたファウンドリー、EMS、ODMなどの台湾の受託生産企業はエレクトロニクス業界のゲームチェンジャーだった。

第2章

アジアのファブレス

——進化する川上企業、川下企業

受託生産企業の隆盛を受けてアジアにファブレス企業が登場した。工場を持たずにブランドビジネスを展開する企業や半導体設計企業も誕生した。第2章では分業の進化を見たい。

1　ブランド＝宏碁（エイサー、台湾）

パソコンメーカーのエイサーは2001年、本体から製造部門を切り離し、工場を持たないファブレス企業に転進した。パソコンの開発・販売・サービスに特化した会社として再出発したのだ。製造部門は緯創資通（ウィストロン）の名前で独立させ、エイサーをはじめとするパソコン各社の製品を組み立てる受託生産会社となった。当時のエイサーは台湾最大級の民間製造業（日本円換算で5000億円規模の売上高）であり、ブランドの知名度も高かった。突然の大手製造業者のファブレスへの変貌は驚きをもって受け止められた。

エイサーのファブレス化はアジア企業の成長戦略に大きな影響を与えた。それまでもアジアにファブレスがなかったわけではないが、いずれも設立間もないスタートアップ企業だった。当時はまだ中国企業が成長しておらず、日本企業を除けば、サムスン、現代の韓国勢とともに、エイサーは欧米市場で名前を知られた数少ないアジア企業だった。エイサーはブランド力を生かし、ファブレス化で米国IT企業のようにものづくりに偏重しない成長を目指した。ハードウェアの組み立てなど付加価値の低い事業は外部に出し、本体は付加価値の高いソリューションビジネス（ITシステムづくり）で稼ごうと考えたのだ。

アセットライト戦略のはしり

実はエイサーは2000年に起きた米国のネットバブル崩壊の影響を受け、パソコン販売の急減から経営不振に陥っていた。ファブレス化はリストラ策だった。エイサーは生産設備（アセット）をすべて手放し、必要に応じて他社の生産設備を利用する経営へと舵を切った。後に経営危機に陥った日本の家電・電機メーカーが「アセットライト」戦略の名で同じように生産設備を手放し、持たざる経営に移行したが、エイサーのファブレス化はアセットライトの先駆けといえるかもしれない。

エイサーのファブレス化は創業者の施振栄（スタン・シー）氏が掲げた理想がつまずいた結果でもあった。施氏は1976年に数人の仲間とコンピューター関連の企業を作り、半導体チップの輸入販売や電子製品の設計をしていた。パソコンが珍しかった1980年代後半に高機能のパソコンを開発し、Acer（エイサー）というブランドで米国に打って出たが、苦戦が続いた。結局、米ＩＢＭのパソコンのＯＥＭ（相手先ブランドでの生産）が主力ビジネスとなった。

ソフトウェアから部品、組み立てまでコンピューター関連のビジネスを俯瞰《ふかん》した施氏は、部門間で付加価値（利益）に大きな差があることに気がついた。川上に位置する中核部品の開発や製造は付加価値が高く、川下に位置するマーケティングやソリューションも同様に高い。川中に位置する製品の組み立てはいちばん付加価値が低くなる。他社の製品を受託生産するだけのＯＥＭ事業の発展性は限られると考えたのだ。

スタン・シーのスマイルカーブ

施氏は川上から川下にいたる各部門と付加価値の関係をグラフに表し、この構造を説明した。川上と川下の両端に行くほど付加価値が高くなる曲線は、にっこりと笑っている顔のように見えることから、施氏の英語名を取って「スタン・シーのスマイルカーブ」と呼ばれるようになった。施氏は自ら体系づけたスマイルカーブ理論に沿ってエイサーの発展を川中から川上、川下へと導いた。エイサーは１９８９年に米国のテキサス・インスツルメンツ（ＴＩ）と合弁で台湾にＤＲＡＭ工場の徳碁半導体を作り、１９９６年にはパソコンの画面となる液晶パネルを製造する達碁科技を設立した。

図2-1　スタン・シーのスマイルカーブ

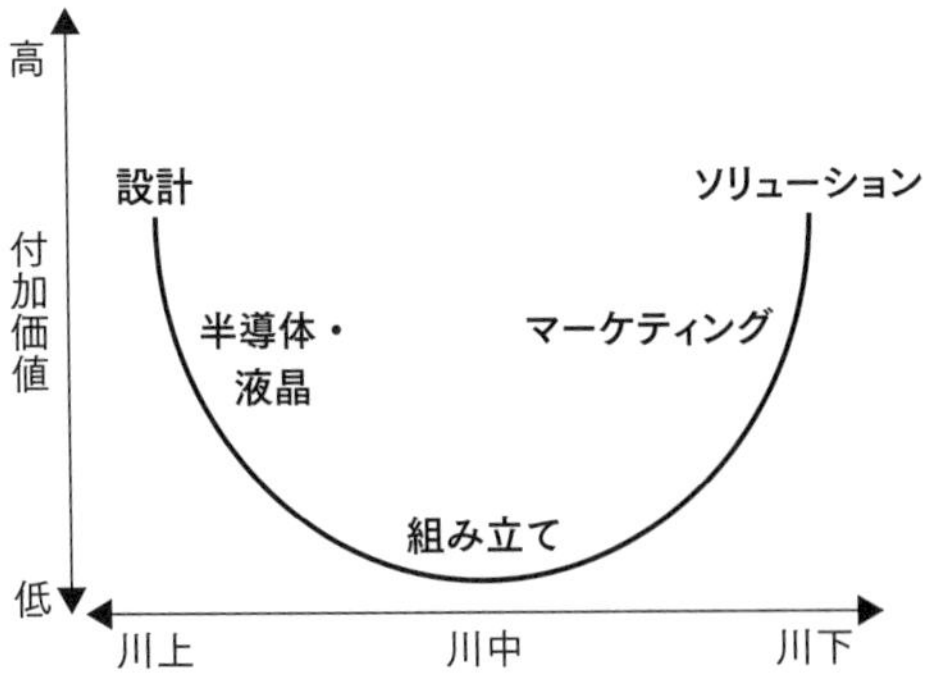

同様に、川下分野にも乗り出した。1998年にネット企業の網際威信を発足させ、電子商取引に乗り出した。同じ頃に香港の映画会社、嘉禾娯楽（ゴールデン・ハーベスト・エンターテインメント）と提携し、ネットを使ったコンテンツ（映画や音楽の中身）販売にも進出した。嘉禾はブルース・リーやジャッキー・チェンのアクション映画をコンテンツとして保有していた。

エイサーは次々に事業を多角化し、川上分野から川下分野まで手がける大手IT企業グループが生まれるかに見えた。だが、参入した事業の業績はかんばしくなかった。半導体の徳碁半導体は赤字に陥り、TSMCへの譲渡を余儀なくされた。液晶パネル部門も他社との合併で生き残りを図り、友達光電へと変わった。エイサー本体も自社ブランドのパソコン販売だけでは十分な利益を確保できず、依然として米国のパソコン各社から組み立て事業を受注するOEM事業を手がけていた。それすらも、米各社が米市場でライバルとなるエイサーに生産委託するのを躊躇し、別の受託生産専門の台湾企業に切り替え始めた。

エイサーの解体が分業モデルを後押し

そこでエイサーは、川中の生産部門と川下の販売を切り分ける決断を下したのだった。生産部門を受託専門企業のウィストロンとして切り離し、多量の受注をこなすことで薄い利益をカバーする戦略だ。別会社の受託専門工場であれば、エイサーへの情報流出を恐れて離れていった米企業からの受託生産の復活も期待できた。一方で名前を知られていたブランドのエイサーはそのまま残し、川下ビジネスの維持ももくろんだ。素直に見れば、分離はスマイルカーブ理論による発展戦略が失敗し、台湾で主流となっていた受託生産方式への回帰だった。

エイサーの名前で川下分野を残したのはやはりスマイルカーブ理論へのこだわりがあったからだろう。エイサーは自社系のウィストロンだけでなく、他の優秀なODM企業にもエイサーブランド製品の生産を委託し、再び世界で勝負しようと考えた。施氏は、企業は付加価値の低い川中分野にいくら集中しても発展は見込めず、先進国型のブランドビジネスで世界に乗り出していかなければ産業としての未来がないと考えたのかもしれない。ファブレス化は成功し、8年後の2009年にエイサーはパソコンの世界シェアで一時、2位まで上り詰める。

エイサーのリストラ策を見た台湾のライバルのパソコンメーカー、華碩電脳（エイスース）も2007年に製造部門を分離し、和碩聯合科技（ペガトロン）として独立させた。エイスースもエイサー同様にファブレスとしてブランドビジネスを始めた。同時期に中国でも聯想集団（レノボ）が他社に生産を委託する方式で成長していた。やがてスマートフォン時代を迎えると、小米（シャオミ）など工場を持たないブランド企業が続々と登場することになる。

スタン・シーのスマイルカーブの夢が敗れた原因として、パソコンの販売力の弱さ（ブランドの相対的な弱さ）や各部門のシナジー効果の欠落など様々な問題を指摘できるが、突き詰めれば資金不足だった。半導体のメモリーは市況製品の性格が強く、パソコンが売れない不況時には価格下落で大赤字に陥る。不況期を乗り越え、大規模な設備投資を繰り返せる資金力がなければ事業は継続できない。エイサー本体の売上高は台湾の民間製造業としてトップに立った1999年でも1282億台湾ドル（2021年のレートで約5000億円）、営業利益は39億台湾ドルにすぎなかった。体力を伴わない企業が資金を様々な事業に分散すればすべての事業が中途半端な形で終わりかねない。

エイサーグループが事実上、解体した2001年以降、台湾では総合家電・電機グループを目指す動きは止まった。限られた資金を特定の事業に集中させ、そこで競争力を増して利益を引き上げる経営手法が肯定されていった。電子関連企業は、半導体、液晶、電子部品、組み立て、開発・販売などに分かれ、それぞれが独立した企業として発展する道を選んだ。エイサーの挫折と再出発は、図らずもアジア企業の水平分業戦略を後押ししたことになる。もっとも、スマイルカーブ理論が死んだわけではなかった。川上から川下までの総合電機を目指す戦略は、成長した鴻海精密工業が再び挑戦することになる。

2 マーケティング重視＝小米（シャオミ、中国）

中国のスマートフォン企業の小米（シャオミ）は「爆米花（ポップコーン）」イベントを定期的に開いている。ポップコーン・イベントはシャオミのファンとの交流会だ。経営幹部が集まり、ファンと製品や開発について語り合う。会場ではシャオミのマスコット「米兎（ミートウ）」のぬいぐるみなどグッズが売られている。ファン同士もオフ会で盛り上がる。年1回開かれる「爆米花年度盛典（カーニバル）」のイベントではファンを北京に集め、コスプレをしたり、ゲームをしたり、ファンとともに遊ぶ。会場には映画祭のようにレッドカーペットを敷き、ファンの代表を表彰する。

なにやら芸能界のイベントのようだが、れっきとしたスマホメーカーの営業活動だ。シャオミはユーザーとの交流を成長の原動力とする。米粉（ミーフェン）と呼ばれるシャオミ製品の熱狂的なファンの声をすくい上げ、製品開発に生かす。ミーフェンは小米の「米《ミー》」と中国でファンを表す粉絲の「粉《フェン》」をつなげたものだ。販売でもミーフェンが口コミやSNS（ソーシャル・ネットワーキング・サービス）でシャオミ製品の評判を拡散させていく。ユーザーをプロモーションに利用するバイラルマーケティングと呼ばれる手法だ。シャオミはファブレス企業として出発し、経営資源をスマイルカーブ理論でいう川下分野（マーケティング）に集中させることで成長した。

ハードウェアの素人が創業

シャオミは創業者の雷軍氏ら幹部がソフトウェアの専門家であり、電子機器の分野は素人だった。ハードウェアの生産は他社に任せるファブレスとしてスタートした。かつてなら情報端末機器の分野で最初からファブレスとして出発することは不可能に近かった。ファブレスに変貌したとはいえエイサーはものづくりが土台としてあり、電子部品や半導体などハードウェアの専門家が集まっていた。ファブレスとして名を馳せる米アップルでも、最初は創業者2人がパソコンを組み立てるところから始まった。しかし、2010年の中国には工場を持たずに創業できる環境が整っていた。

台湾系を中心に受託生産企業が中国各地でパソコンやスマホの組み立てを担い、電子部品産業の裾野も広がっていた。半導体もアジア企業から低価格で調達できるようになった。基本ソフト（OS）としてはグーグルが無償で提供するAndroidがあった。さらにエイサーの時代と異なり、電子メールだけでなくSNSが一般化し、企業が消費者と直接交流できるようになっていた。

シャオミはスマホを商品化する前に、まず自社開発のOSを公開した。2010年に発表した「MIUI」だ。グーグルのOSであるAndroidをカスタマイズした製品であり、もちろん誰もが使える。このOSを使ってみたユーザーとシャオミの技術者がネットを通じて議論しながら改良を加えていった。毎週金曜日に改良したMIUIを公開し、翌週の火曜日に意見や感想を募る。その意見をもとに火、水、木の3日でバグの修正や使い勝手の改良を施し、再び金曜日に公開する。これを繰り返した。

ユーザーにしても、自分の意見が反映された改良版が出るのは楽しかった。最初に100人だったユーザーは数十万人に増えた。シャオミは改良作業で成果を上げた社員を毎週表彰したが、これもユーザーからの投票で決めた。最優秀賞はバケツ一杯のポップコーンをもらえた。シャオミのユーザーは自分も開発に参加している気分を味わえ、シャオミの事業を後押しした。ネットを使って若者たちがワイワイガヤガヤと楽しんでいる様子が浮かび上がってくる。

OSのめどが立ち、スマホ本体の販売に取りかかった。本体の組み立ては台湾の受託生産企業の鴻海精密工業や英業達（インベンテック）に委託した。スマホ本体の販売にもユーザーを開発や販促に巻き込む戦略を応用した。最初の商品からシャオミはネットで予約販売する形をとった。毎週金曜日に予約を受け付け、火曜日に購入できる仕組みだ。ユーザーに、微博（ウェイボー）やウィーチャットなどSNSに気に入った機能などを投稿してもらうようにした。

中国でもスマホは普及し始めた初期の段階では500ドル以上はする商品だったが、シャオミは先行する他社とほとんど変わらない高機能のスマホを300ドルで販売した。生産は受託生産企業に任せたうえ、ネット販売で余分なコストを省いたから実現できた低価格だ。立派な箱に商品を入れて高級感を持たせた。やがて100ドル台の格安スマホの投入でシェアを伸ばし、創業から11年目の2020年には2458億元（約4兆2000億円）の売上高を実現、大企業の仲間入りを果たした。

シャオミの手法は賛否両論があるかもしれない。中国のテクノロジーの発展に寄与していないという声も多い。経営資源を川下に振り向けすぎ、半導体開発のような先端技術への投資が少ないという批判だ。他社が低価格スマホを投入すると、価格面での優位性もなくなった。シャオミは2020年に北京にスマホ組み立ての自動化工場を開設したと発表した。ファブレス企業からの脱却ともいえる。スマホだけでなく電気炊飯器などの家電や電気自動車（EV）にも手を伸ばしており、発展の方向性が気にかかる。

川上重視か、川下重視か

ファブレス企業は川中部分の組み立て事業を持たないため、より多くの経営資源を川下のマーケティングに振り向けられ、同時に川上の研究開発にも当てられる。難しいのは川下と川上のバランスだ。米アップルは独自のOSや半導体の設計など川上の研究開発にも強いが、一方でアプリ開発企業との協調でマーケティングでも秀でている。潤沢な資金があれば川上と川下の双方に経営資源を注げるが、資金力に限界があるファブレス企業はどちらかに傾きがちだ。

ファブレスになったエイサーはイタリア出身のジャンフランコ・ランチ氏が最高経営責任者（CEO）に就き、欧州での販売が急伸した。2009年の世界シェアは一時、14％に高まり、世界第2位まで上昇した。その後はタブレットなど新たな情報端末への対応が遅れ、2012年以降に再び経営危機に陥った。ファブレスになったことで製品開発をODM（相手先ブランドの設計・製造）企業に頼るようになり、潮流の変化についていけなくなった。2011年度の研究開発費が売上高に占める割合は0・2％にとどまった。2013年から創業者のスタン・シー氏が経営陣に復帰し、改めて研究開発の強化に取り組まざるを得なかった。

図2-2　ファブレス企業の類型

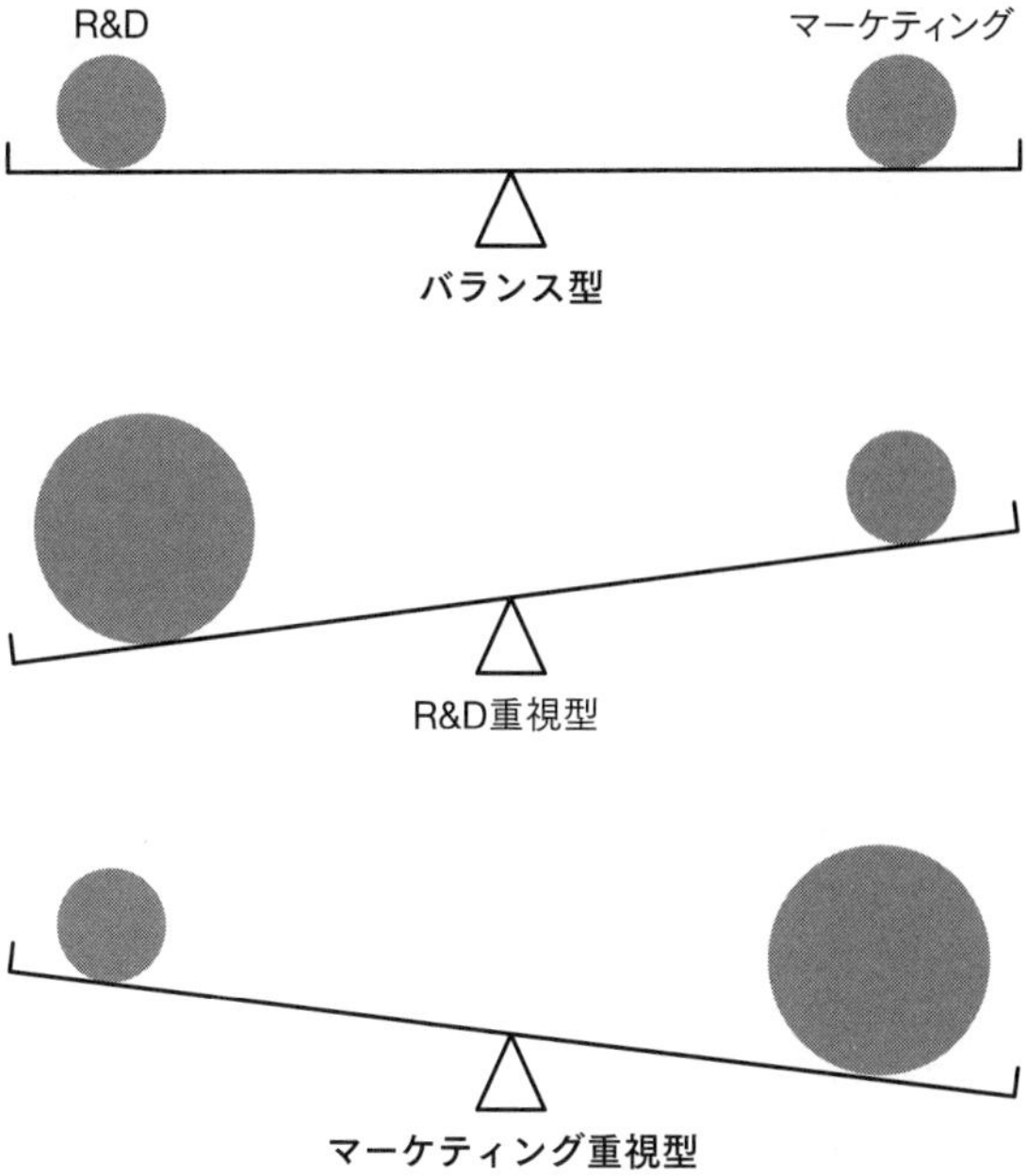

エイサーに続いてファブレスに転進した華碩（エイスース）は、逆に開発能力を重視しすぎた。技術力に定評はあったが、エイスースのブランドは浸透が遅れエイサーの後塵を拝し続けた。インドやブラジルではスマホ体験イベントを開催するなど、口コミを利用したバイラルマーケティングを試みた。遅ればせながら川下分野に力を入れ始めた。

3 半導体設計＝聯発科技（メディアテック、台湾）

台湾の半導体ファブレス企業の聯発科技（メディアテック）は2020年11月、5G（第5世代移動通信）スマートフォン向けチップセット（SoC）の新製品「Dimensity700」を発表した。線幅7ナノ（ナノは10億分の1）メートル技術を適用した普及価格帯向けの製品だ。これまで多くの中国のスマホメーカーがメディアテック製のチップセットを使用し、200ドル以下の格安スマホを販売してきた。メディアテックから普及価格帯向けの5G用チップセットが販売されたことにより、5G対応のスマホも250ドル以下になる。

川下分野のファブレス化と同時期に、川上分野（半導体）のファブレス化も進行していた。半導体の受託生産に特化する台湾積体電路製造（TSMC）、聯華電子（UMC）などのファウンドリービジネスが台湾から生まれ、米国クアルコムのような半導体ファブレスの成長を支えた。米国を追いかけるように、台湾からもメディアテックなどの半導体設計企業が生まれた。巨大なファウンドリーがすぐそばにあるのだから、台湾から半導体ファブレスが生まれるのは自然の流れだった。

低価格スマホの仕掛け人

メディアテックはスマホ向けの廉価なチップセットで業績を伸ばした。半導体チップは、計算する機能や、画像を処理する機能、通信をつかさどる機能など用途によって種類が分けられる。かつては用途の異なる複数の半導体チップを用いて電子機器を作っていたが、容積が大きくなってしまう欠点があった。そこで様々な半導体を一つのチップにまとめようという発想が生まれた。これがシステム・オン・ア・チップ（System-on-a-Chip：SoC）であり、チップセットとも呼ばれている。

（注）SoCとチップセットの概念は本来異なるが、ビジネスでは同一視されるようになっている。

様々な機能の集約されたチップセットを使えば、よりコンパクトな電子機器を生み出せる。スマホが1台で電話から録音、撮影、ゲームまでできるようになったのはチップセットのおかげだ。逆にいえば、チップセットさえあれば後はメモリー半導体とディスプレイ、カメラ、バッテリー、筐体を集めることでスマホの原形を作れる。新興国の無名のメーカーがスマホ生産に簡単に乗り出せるようになったのもチップセットによるものだ。

表2-1　スマートフォン向けSoCのシェア（%、出荷ベース）

ブランド	国・地域	2020年1〜3月	2021年1〜3月
メディアテック	台湾	24	35
クアルコム	米国	31	29
アップル	米国	14	17
サムスン	韓国	14	9
ハイシリコン	中国	12	5

［出所］カウンターポイント

最初は米クアルコムがスマホ向けのチップセットを作っていた。このほか米アップル、韓国サムスンも作っているが、こちらは自社ブランドに搭載するためだ。サムスンを除けば半導体工場を持たないファブレス企業であり、実際の生産はTSMCなどファウンドリーが担う。そこに低価格のチップセットで参入したのがメディアテックだ。新興国の弱小スマホメーカーは高価な米国ブランドのチップセットを使わなくとも、メディアテックのチップセットを用いれば100ドル台のスマホが完成できるようになった。

メディアテックは1997年に台湾のファウンドリー、聯華電子（UMC）の関連企業から独立して誕生した。CD-ROM、DVD、ブルーレイ向けのチップセットを設計していたが、テレビ用のチップセットで一気に成長した。低価格の液晶パネルとメディアテックのチップセットを組み合わせれば格安テレビが完成できるようになった。スマホで起きた現象はそれより前にテレビで起きていたのだ。メディアテックは自社開発の半導体が採用されやすいように、技術者を携帯電話などの受託生産企業に派遣し、最終製品との摺り合わせの指導をしていた。

そして迎えたスマホ時代。メディアテックは低価格のスマホ用のチップセットを販売し、中国の新興スマホメーカーを取り込んでいった。メディアテックのチップセットを採用した企業には華為技術（ファーウェイ）、オッポ、シャオミなどがある。それまで500ドル以上の小売価格で売られていたスマホは300ドル、200ドルと下がり、格安機種は100ドル台となった。

なぜ、歴史の浅いメディアテックが低価格のチップセットを開発できたのか。それは半導体業界の分業がさらに進んだからだ。半導体は自社でゼロから開発する手間を省くため、すでに他社が開発した出来合いの回路情報（データ）を利用してチップを開発する。こうした出来合いの回路はＩＰコア（回路データは知的財産であることから“Intellectual Property Core”と命名されたと言われる）と呼ばれ、英アームや米シノプシスが代表的な開発企業として知られる。

半導体ファブレスはアームなど開発会社にライセンス料を払い、ＩＰコアを利用している。いくつものＩＰコアを組み合わせ、通信モデムなどの機能を付け加えてチップセットを開発している。後はＴＳＭＣなどのファウンドリーに生産してもらえばよい。ＩＰコア開発企業とフアウンドリーとの分業により、半導体作成のハードルはだいぶ下がった。メディアテックだけでなく、中国のファーウェイも傘下に海思半導体（ハイシリコン）という半導体設計会社を抱え、ファウンドリーに生産委託をしている。

香港のリサーチ会社のカウンターポイントによると、２０２１年第１四半期にスマホ向けのチップセットの世界シェアはメディアテック（35％）がクアルコム（29％）を抜いて首位となった。アップル（17％）、サムスン電子（９％）、ハイシリコン（５％）の順だ。スマホの世界で低価格のチップセットが席巻している様子がうかがえる。

アジア水平分業の完成に近づく

アジアからチップセットを設計できる半導体企業が現れた意味は二つある。一つ目は前述のように米企業より安いチップセットで超低価格のスマホを作れるようになった点だ。二つ目は米国企業から基幹部品の供給を受けなくとも電子機器を製造できるようになったことだ。

スマホ時代を迎え、電子機器の生産は「水平分業」に近づいた。パソコンは米インテルが作るＣＰＵを使わなければならず、基本ソフト（ＯＳ）はマイクロソフトのＷｉｎｄｏｗｓがほぼ独占していた。ＷｉｎｄｏｗｓとインテルをWil合わせた「ウィンテル」がパソコン業界に君臨した。アジア太平洋水平分業といっても、利益の多いところは米２社が握っていたのだ。加え

図2-3　アジア水平分業の完成

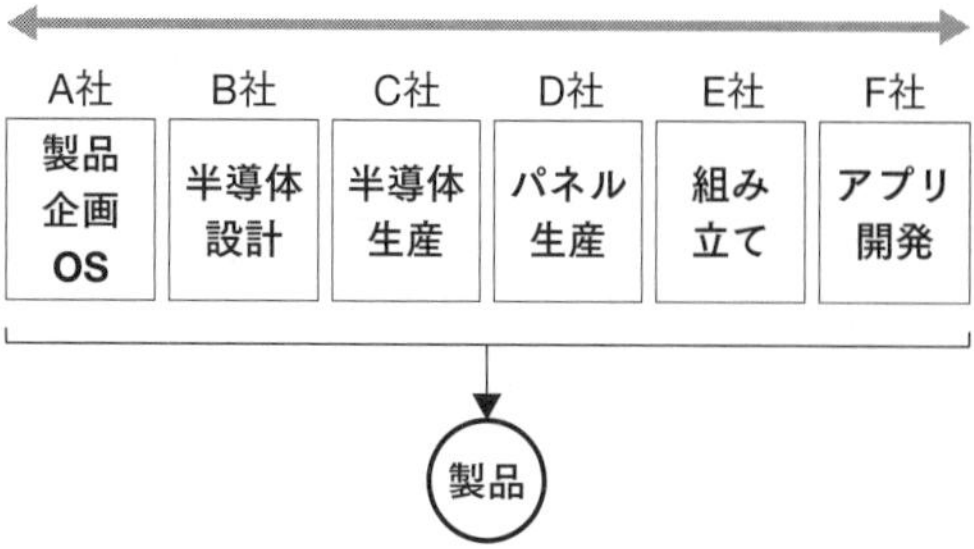

てデルやヒューレット・パッカード（HP）など米ブランドメーカーの世界シェアが大きく、多くのアジアの受託生産企業が米ブランドメーカーの無理を聞かざるを得なかった。

スマホはこの構造を変えた。チップセットをアジア企業が設計し、アジアのファウンドリーで生産している。OSもグーグルがAndroidを無償提供し、パソコン時代のようにソフトウェア企業の束縛を受けにくくなった。中国のファーウェイは独自のOSを開発し、グーグルなど米IT企業依存からの脱却を試みている。

一方、電子機器の組み立ての精密度が高まり、今ではアジアの受託生産企業の協力なくしては電子機器の生産が成り立たない。川下ではシャオミなどアジアのファブレス企業のブランド力が高まり、半導体企業もその力を無視できなくなった。どこかの工程の1社が支配的な力を振るう分業体制ではなく、力関係が均衡した複数企業の分業に近づいたといえる。

ただし、アジア域内でエレクトロニクス産業の分業生産が中国を含めて完結するとなれば米国にとって脅威となる。米国政府はサプライチェーンから中国企業を排除するよう台湾企業に働きかけたり、ファウンドリーや液晶の工場をアジアから米国内に誘致したりするなど、ビジネスにとどまらない政治的な駆け引きが活発になっている。インドや東南アジアに分業やサプライチェーンが拡大する動きも急であり、行方を注視したい。

（注）水平分業、垂直分業、垂直統合、工程間分業

分業については論者によって用語が一定せず、混乱が見られる。もともと水平分業と垂直分業は貿易理論で使われていた用語だ。垂直分業は先進国が工業製品を作り、途上国が原料など一次産品を提供して交換する意味で使われていた。工業製品を持つ先進国が有利で途上国が従属する縦の関係だったからだ。水平分業は先進国同士がそれぞれ得意な工業製品を作って交換する意味だった。

ビジネスで使われる垂直分業と水平分業は意味が異なる。垂直分業は経営の意思決定に沿って川上、川中、川下の各部門が縦に従属的に連なる分業関係を指す。自動車の部品や販社の「系列」が垂直分業に当たる。一つの企業内で垂直分業が完結する場合には垂直統合と呼ばれる。これに対して、水平分業は縦の従属関係がなく、異なる役割を持つ部門や専門企業が対等な立場で連なる関係だ。

それでは電子機器の分業は水平分業なのか垂直分業なのか。企画開発（企業A）、組み立て（企業B）、部品企業（企業C）の関わり方を見ると、垂直分業のようにも考えられる。製品を企画開発する企業Aの影響力が強いからだ。企業Aに企業Bが従属し、さらに企業Bに企業Cが従属する傾向が見られる。ただし、自動車産業のように各企業の関係は固定化しておらず、いつでも別の企業と組むことができる。

電子機器の分業が垂直なのか水平なのかは判然としない部分が残るが、水平分業という用語が使わ

れることが多くなった。混乱を避けるために垂直と水平にとらわれない工程間分業という用語を使う論者もいる。実際のビジネスでは需給関係や技術力など状況しだいで、どこかの部門の特定企業が支配力を強めるときもあるし、各部門の企業が平等に近い関係になるときもある。水平か垂直かの判断は時と場合で変わる。厳密な定義づけはビジネスの現場ではそれほど重要ではないだろう。

第3章

垂直統合
——シナジーを生み出す自前主義の復活

水平分業の登場で日本のエレクトロニクス業界は壊滅的な打撃を受けた。市場を媒介に効率的に結びついた専門企業群が生み出す製品に日本企業は価格ではかなわなかったからだ。日本では周回遅れで水平分業が唱えられたが、アジアでは垂直分業で飛躍する企業もなお少なくない。

1 垂直統合を死守＝サムスン電子（韓国）

韓国のサムスン電子は2020年、新型コロナの蔓延により世界経済が苦境に喘ぐなかで7〜9月期の売上高が過去最高となる66兆9600ウォン（約6兆3000億円）を記録した。スマートフォンの販売が急回復し、スマホに搭載する半導体やディスプレイが好調だった。サムスンはスマホやテレビなどの最終製品の部品を自前で作っており、最終製品が売れれば部品部門の業績が伸びる構造になっている。また、不況時に巨額の設備投資を実行し、好況時に巨大な生産能力でライバルを振り落としてきた。

サムスン電子のビジネスモデルは製品開発から重要部品の製造、組み立て、販売までを自前で手がける垂直統合モデルだ。サムスンはグループ企業に半導体、ディスプレイ（液晶・有機

EL）などの電子部品工場を持つ一方、テレビ、スマホなど消費者向けの最終製品の組み立て工場もある。乾燥機、洗濯機、冷蔵庫などの白物家電は米国でのシェアが高い。韓国内ではサムスンブランドのパソコンもよく売れている。サムスンの場合、部品や生産設備を納入する協力会社との関係も密接であり、文字通りサムスン本体を核に結びついた巨大な垂直統合体といえる。

規模とスピードでライバルを振り切る

設備投資も凄まじい数字だ。2020年は新型コロナウイルスが流行し、世界経済が後退したが、年間で38兆5000億ウォンの投資を実行した。サムスンは不況期になると「今回こそ終わりだ」といった危機説が外部で唱えられるが、コロナ不況からも真っ先に抜け出した。不況になるたびに各部門が設備投資を増やし、ライバルを振り切ってきた過去がある。2020年の第3四半期もスマホが売れたために半導体、ディスプレイの自社内の需要が高まり、川下と川中の相乗効果で利益を一気に押し上げた。

垂直統合の優れた点はいくつかある。まずシナジー効果だ。最終製品が売れれば川上に相当する半導体、ディスプレイの業績が上向き、川上と川下の双方で利益を上げられる。そして規模のメリットを享受できる。規模が大きくなれば低価格で大量の部品を供給でき、低価格の最終商品を大量に出荷できる。小売り段階でライバル社の商品を駆逐できる。

次にスピードだ。水平分業の場合、独立した企業の連携で製品づくりをするため、調整に時間がかかる。企業間の価格交渉もあり、利益が圧迫される企業も出てくる。垂直統合は社内、あるいは協力工場からすぐさま部品が調達でき、組み立てに回せる。サムスンは商品企画から試作品完成までに要する時間が3カ月であり、日本企業の多くが早くて6カ月であるのに比べ、倍以上のスピードだ（『斜陽の王国　サムスン』週刊東洋経済eビジネス新書、No.135、2015年）。市場が盛り上がっているときに一気呵成《かせい》に商品を投入できる。

垂直統合の利点を生かせばファストフォロワー（速やかに追いかける）戦略も可能になる。新たなコンセプトや技術で誕生した有力な新製品を後から高速で追いかけ、先行企業が生産拡大に戸惑っているうちに量とスピードでシェアを奪っていく。ファストフォロワーを実現できるのも自前の生産設備を持っていればこそだ。実際にサムスンの世界シェアはテレビが3割、スマホが2割、部品では半導体のDRAMが4割、スマホ向けディスプレイのパネルも5割を達成している（2020年時点）。

垂直統合の欠点は言うまでもなく、巨大な組織にありがちな官僚主義の跋扈《ばっこ》だ。手続きや調整が複雑になり、先例踏襲の管理職が増える。部門ごとに経営資源や情報、人材を囲い込み、他部門へ流れないようにする。企画、部品、生産、販売の各部門に壁ができ、意思疎通が難し

図3-1　垂直統合の欠点を補う情報共有

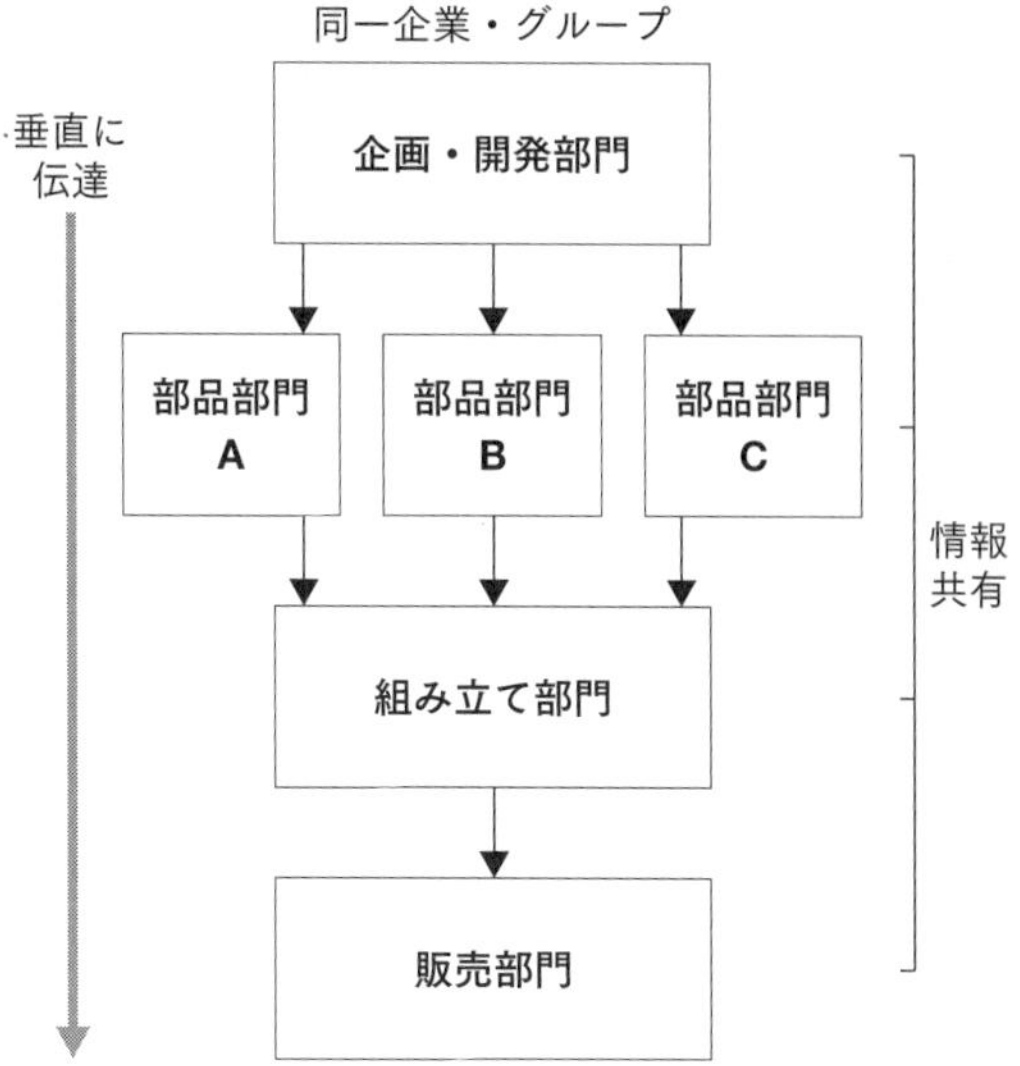

くなる。部門間の摺り合わせに時間を要するのだ。せっかく自社グループ内(協力会社を含む)に様々な部品、組み立て工場を持っていながら、強みを生かせずに製品投入のスピードが遅くなってしまう。事業部制やカンパニー制、分社化を採用する企業も多いが、かえってセクショナリズムを増幅させ、各事業部が同じ製品を開発する重複生産や重複投資も多くなる。

さらに垂直統合ではコスト意識が欠落しがちだ。部門ごとにそれぞれの目標を目指すからだ。与えられた任務をこなそうと各部門は時間と資金をかけて完璧なプロジェクトにしたがる。水平分業ならば各社は生き残るために低コストで時間をかけずに品質を引き上げようと必死となる。垂直統合では部門ごとのコストが目に見える形で表れない。部門長からの評価を得ようと部門員は必要以上に完璧を目指すことになる。こうしてできあがった製品はコスト高となる。

そして垂直統合の最大の欠点は相乗効果が逆回転することだ。もし開発した製品が売れなければ組み立て部門に波及し、組み立て部門の不振は部品部門に波及する。組み立て、部品工場の稼働率が下がり、工場は遊休施設と化す。工場の資産価値が下がり、会計では資産の減損が求められ、資金調達に影響する。シャープは2000年代に最先端の液晶パネル工場を増設したが、液晶テレビが売れずに減損処理に追い込まれた。垂直統合はまさに「売ってなんぼ」のビジネスモデルなのだ。消費者市場で売れなければどんな先進的な技術を持っていても、部品と組み立てが一蓮托生で行き詰まる。

オーナーの鶴の一声で組織改革

サムスンも垂直統合型企業の欠点を抱えていたが、幸いにもオーナー企業の色を濃く残していた。常にオーナーのまわりにグループ全体の経営を判断する参謀集団を置いた。構造調整本部、戦略企画室、未来戦略室など名称は変わったが、グループの情報を収集し、オーナーとともに的確な判断を下した。2017年に未来戦略室を廃止するまで巨大組織の司令塔の役割を果たし、巨大組織にありがちな経営方針の揺れや遅れを回避できた。

オーナーによる鶴の一声で始まった改革が垂直統合モデルをよみがえらせた。オーナー家2代目の李健熙（イ・ゴンヒ）会長（2020年死去）のフランクフルト宣言がよく知られる。李会長は組織硬直化への危機感を抱き、1993年にドイツのフランクフルトに全役員を集めて、「嫁と子ども以外はすべて変えろ」という過激な言葉を発した。後にフランクフルト宣言と呼ばれるようになる組織改革の大号令だった。

まず製品づくりの手法を変えた。垂直統合型の企業では製品開発の情報が、企画→設計→製造→販売など順送りに伝えられるため、企画から商品投入までに時間がかかった。『サムスンの決定はなぜ世界一速いのか』（吉川良三、KADOKAWA、2012年）によると、サムスンは製品開発に関わるすべての情報をデジタル化し、一元的に管理する仕組み（PDM：Product Data Management）を構築した。企画、設計、生産、部品調達、販売にかかわるデータはもちろん、海外法人、協力工場、販売店のデータを含めて一つに集められており、この情報にアクセスできればどこの部門がどんな作業をしているのかが一目でわかる。

以前ならば、設計が完成するまでは部品購買や工場生産の準備ができず、生産の日程や量が固まらなければ営業は動けなかった。PDMを使って一元的に集められた情報にアクセスさえすれば企画段階でも川中の購買部門が部品の準備をできるようになった。川下の営業部門からの販売量の見積もり変更に川中の購買や生産部門がいち早く対応できる。他部門からの連絡を待たずに新製品の市場投入に向けて、あらゆる部門が同時に動き出せるのだ。複数の商品開発も同時にでき、多品種少量生産にも対応可能だ。情報が部門間で遮断されがちな垂直統合の欠点を補い、商品の市場投入の時間を大幅に短縮した。

「売ってなんぼ」の垂直統合

第2は「売ってなんぼ」のマーケティングの意識を社内の隅々まで植えつけたことだ。かつてサムスンの材料費は製品の売り上げの7割だった。材料費を製造原価の6―7割に抑えていた日本企業に比べてコストが高かった。最終製品の価格は日本製品よりも安く、部品が日本と同価格では利益が出ない。機能を絞り、材料費を2割引き下げる運動を繰り広げた。販売価格から逆算し、開発や部品、生産のコストを厳格に割り出す。コストに見合わなければ開発を中止する。

垂直統合型では全体の利益を見ずに細部の設計や技術にこだわる傾向が生じやすいが、マーケティング要員が開発段階から介入し、技術者の自己満足を防いだ。半導体の開発部門にもマーケティング要員を多数配置した。「韓国企業のグローバル経営を支える組織・機能」(御手洗久巳、『知識資産創造』野村総合研究所、2011年)によると、DRAMとフラッシュメモリーの事業を合わせると、商品企画とマーケティング要員（営業を除く）が500人前後おり、LCDパネルでも商品企画とマーケティングに150人前後が配置されていたという。

小売り段階でのマーケティング費用も巨額だ。2012年のサムスンのマーケティング費用は12兆9000億ウォンに達した。実に売上高の6・5％程度、日本円で1兆円を超える。どこの空港に行ってもサムスンの看板があり、どこの国のテレビCMでもサムスンが連呼されている。多額の資金を投じて宣伝し、売って売って売りまくる。概念が違うため、直接の比較は難しいが、ソニーが2011年度に使った広告宣伝費（連結）は3571億円にとどまる。

総仕上げともいえるのが、新興国市場の重視だ。製造プロセスの改革で短期間での多品種少量生産が可能になった。サムスンは新興国各国の微妙な好みの違いに合わせて別々の商品を投入していった。それなりの価格で過剰なスペックを省いたサムスン製品はどこの新興国でも歓迎された。調査会社のカウンターポイントによれば、サムスンの出荷ベースのスマホの世界シェア（2019年第3四半期）は21％だが、新興国の中東・アフリカ地区でのシェアは29％と強さが際立つ。

リーマンショック後に米国など先進国市場が不振となり、先進国市場に依存した日本企業が売り上げを落とした。このとき、サムスンは新興国でしのぎ、その後の米国の景気拡大期に一気に飛躍した。先にも触れたが、垂直統合型のビジネスモデルは「売ってなんぼ」だ。売れなければ巨大な生産設備の操業が停止する。サムスンは生産体制の改革と巧みなマーケティング戦略で垂直統合の欠点を防いだ。

自前主義は企業発展の原点

日本では2010年代に入り、エレクトロニクス業界で企業破綻や経営危機が表面化し、こうした企業で支配的だった自前で生産設備を抱え込む垂直統合モデルが批判を受けた。いつのまにか垂直統合は古臭い手法とみなされるようになった。特にシャープは巨大な液晶工場を抱え、行きすぎた自前主義の事例として見られがちだが、シャープが川上分野にこだわったのには理由がある。シャープは日本で最初に白黒テレビを作った日本企業だったにもかかわらず、カラーテレビの製作ではブラウン管を他社から買ってきて組み立てていた。

当時の状況を匿名の幹部の回顧として紹介している記事がある。「よそから裸の玉（ブラウン管）を買うてきて、テレビに組み立てて、シャープのブランドで売るわけや。ところが、売り場へいったら、うちはブランド力がないよって、よそのテレビより安く売られる。もうかるわけないやろ。せやけど、王様のテレビをやらんわけにはいかん。つらい仕事やった」（『日本経済新聞』2012年3月20日、「テレビ敗戦『失敗の本質』」）。

シャープが発展しようと思えば、中核部品を自前で生産できる能力を身につけるしかなかった。ブラウン管では苦杯をなめたシャープは画像表示装置への挑戦を続け、やがてテレビの中核部品の液晶パネル市場を握ることとなった。最後は液晶部門への投資が重荷になり、経営危機に見舞われたが、鴻海がシャープを傘下に収めると早々に赤字から脱却した。余分なコストを省いて最終製品のテレビを売れば自前主義でも生存は可能なのだ。

米アップルはパソコンのCPU（中央演算処理装置）を2020年から自社設計の半導体に切り替え始めた。自社設計のCPUはファウンドリーに委託し生産している。これまで米インテル製のCPUを使っていたが、アップル独自のCPUを使えばiPhone、iPadなど他のアップル製品との連携がしやすくなる。アップルは自社製のCPUを持たず、かつては米モトローラ、米IBMのCPUを搭載していた。アップルは自前の製造工場こそ持たないものの、自前の基本ソフト（OS）、自前のCPU、アップルストアなど自前の販売網を持つ垂直統合型の経営スタイルだ。

垂直統合型は企業の事業拡大の原点といえる。自社製品の部品を自社でまかなえるようにする行動だからだ。運営しだいで高利益、相乗効果を企業にもたらす。サムスンやシャープの事例から自前主義の持つ長所、短所を冷静に判断していくべきかもしれない。

2 サプライチェーン型垂直統合＝比亜迪（ＢＹＤ、中国）

中国の電気自動車（ＥＶ）大手の比亜迪（ＢＹＤ）は２０１８年、中国青海省西寧市にリチウムイオン電池の新工場を稼働した。車載用の電池で年産能力は24ギガ（ギガは10億）ワット時。ＢＹＤのプラグインハイブリッド車（ＰＨＶ）ならば１２０万台分をまかなえる。世界のリチウムの３分の１が青海省に埋蔵されているといわれる。青海省ではＢＹＤは化学製品を扱う青海塩湖工業などとの共同出資で炭酸リチウム工場も建設した。炭酸リチウムはリチウム電池の製造に欠かせない物質だ。

一分野に特化した専門企業が恐れるのは、事業環境の激変で自社の事業が突然、不要になることだ。「選択と集中」の経営手法も大切だが、生き残るためには「ダイバーシティ（多様性）」も課題となる。自社製品を作るために組み立てから部品へと拡大するモデルを見てきたが、ここでは自社製品の枠を越えて異なる産業に挑む拡大手法を見たい。その際に多く見られるのが、川上（資源）、川中（中間財）、川下（消費財）と結ばれるサプライチェーンに沿って事業を広げる方式だ。これも立派な垂直統合型のビジネスモデルといえる。

内部サプライチェーンによるリスク低減

川上から川下まで続く長いサプライチェーンを社内か自社グループ内に構築できれば何段階にもわたる相乗効果を期待できる。そして、それ以上に内部のチェーンはビジネス上の安全を保障してくれるメリットがある。外部のチェーンからの調達は突然、供給量を減らされたり、価格を引き上げられたりする恐れがある。逆に外部チェーンへの供給は購入量を減らされたり、買いたたかれたりする恐れがある。自社グループで資源や材料、部品を調達でき、自社グループへと安定的に製品を供給できれば事業の確実性と安定性は増す。

BYDは1995年に研究者出身の王伝福氏が深圳で創業した電池会社だ。台湾の携帯電話機メーカーへの電池供給から始め、米モトローラ、フィンランドのノキアへと顧客を広げた。携帯電話やパソコン向けのバッテリー事業だけでは成長の限界が見えてきたため、2003年にBYDは携帯電話の組み立て事業に乗り出した。自社の電池の使用を広げる狙いがあった。典型的なサプライチェーンに沿った事業拡大だった。

同時期にBYDは自動車の製造にも手を伸ばした。経営が行き詰まった中国の自動車メーカーを買収し、少量ながら生産を始めた。王伝福氏には遠い将来、電気自動車（EV）の時代が到来するという予感があったのだろう。自社の電池を搭載したEVを作れば相乗効果が期待できた。当初、企業相手の商売をしている中間財のメーカーが消費財の自動車を製造し、直接、

図3-2　垂直統合のパターン

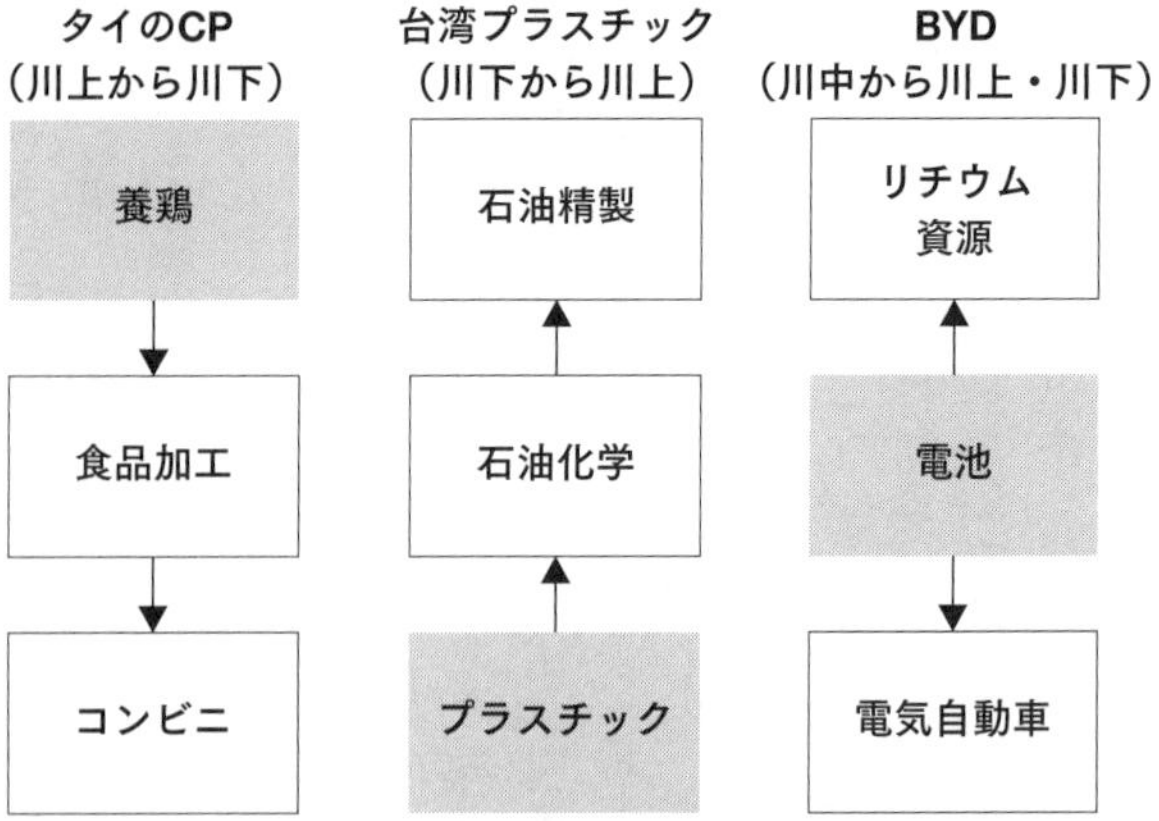

消費者に販売するのは至難の業と見られた。米国の著名投資家バフェット氏から投資を受けるなど10年以上の歳月をかけ、2020年に18万9000台のEVなど新エネルギー車を販売した。

BYDは川中（電池）分野から携帯電話やEVなど川下分野に進出したが、川上分野にも踏み込んだ。中国西部の青海省でリチウム電池の材料となる炭酸リチウムの生産に乗り出したのだ。2021年にはリン酸鉄リチウムを生産する貴州安達科技の増資も引き受けた。電気自動車が普及すれば電池の材料となる原料の取り合いが起きかねず、原料確保に向けて資源開発分野に参入した。成功すれば自社グループで原材料から中間財、消費財へと連なるサプライチェーンが完成し、外部からのリスクを低減できる。

川下から川上へ、川上から川下へ

ＢＹＤは川中から川下、川上へと伸びたが、川下から川中、川上へと上流にさかのぼる形で拡大した企業も多い。台塑集団（フォルモサ・プラスチックス・グループ＝台湾プラスチックグループ）は合成樹脂の一つであるポリ塩化ビニルの製造から出発した企業だ。やがて合成樹脂の原料となる石油化学製品の生産に乗り出し、テレフタル酸やエチレンでは世界有数のメーカーとなった。さらに、石油化学製品の大本の原料である石油精製事業に手を広げた。かつて日本の帝人も化学繊維から石油化学へと上流に突き進み、１９７０年代に石油開発公団とともにイランの油田開発にまで手を伸ばしたことがあった。

川上から川下へと向かったアジア企業もある。タイのチャロン・ポカパン（ＣＰ）グループだ。ＣＰは飼料会社として発展したが、１９７０年代にブロイラーの養鶏や、養豚事業に乗り出した。農家に鶏や豚を飼育させ、大きくなれば購入し工場で食肉に処理する。さらにこの肉を使ってハムやソーセージ、冷凍食品などへと加工し始めた。１９８０年代にはスーパーやコンビニなどの小売業に進出し、自社の食品を売り始めた。川上の飼料提供から川下のコンビニでの冷凍食品販売まで自社グループ内のサプライチェーンでつながっている。

サプライチェーン型の垂直統合では企業間の取引はグループ内企業に縛られないケースが多く、自社グループ内だけでなく、グループ外の企業とも取引できる。自社のサプライチェーンのコマとして動くが、ビジネスチャンスがあれば川上、川中、川下の各段階の企業が独自に動いて事業を拡大する。グループ内に頼らなくとも一つひとつの事業がそれ自体で採算がとれるのが理想形だ。こうしたグループ経営は、垂直統合と水平分業の融合系へと発展していく。

3 垂直統合と水平分業の収斂＝TCL科技集団（中国）

中国トップクラスのテレビメーカーのTCL科技集団は2020年、高画質の8Kテレビ向けの液晶と有機EL（OLED）の生産ラインを稼働させた。工場は傘下のTCL華星光電技術が広東省深圳で建設し、運営している。第11世代（およそ3メートル四方）と呼ばれる大型のガラス基板を使ったパネルを月9万枚生産。投資額は427億元（約7300億円）にのぼる。一方、TCL科技は同年、テレビを受託生産する茂佳国際を買収した。TCLグループのパネルを使って、国内外の有名ブランド企業向けにテレビを生産する。

一つの企業グループが垂直統合型と水平分業型の両方の事業を手がけるケースが増えている。水平分業型の川中（組み立て）企業の利益は薄く、川上や川下への事業拡大は一種の生存本能といえる。第2章で見たスタン・シーのスマイルカーブ理論が示すように、多くの川中企業が成長とともに垂直統合に引き寄せられていく。エレクトロニクス産業ならば半導体やディスプレイなど付加価値の高い川上分野（中核部品産業）へと進出したがり、同様に付加価値の高い川下分野（ブランドビジネス）にも手を伸ばす。

表3-1　テレビの売上高の世界シェア（2020年4〜6月）

ブランド	国・地域	シェア（%）
サムスン	韓国	30
LG	韓国	15.3
TCL	中国	8.6
ソニー	日本	8.1
ハイセンス	中国	7.3

［出所］Omdia

ブランドビジネスも受託ビジネスも

一方で、エレクトロニクス業界は分業化が進み、受託産業の需要も高まっている。それならば垂直統合型の事業拡大と並行し、他社と組む水平分業型のビジネスも展開しようと考える企業が出てきても不思議はない。川上、川下の双方に事業を拡大したものの、相対的に川下の販売力が弱い企業ならば受託生産はなおさら魅力的に映る。受託生産で自社部品を使えば川上分野の余剰生産やそれに伴う工場休止の経営危機を避けられるからだ。中国のTCLがこのケースに当てはまる。

TCLは広東省の電子機器のメーカーとして1980年に

前身企業が成立し、磁気テープから事業が出発した。TCLブランドで電話機、テレビなどの製造を始めたが、国外での販売力は弱かった。ブランド力の弱さをカバーしようと、2003年にフランスのトムソンとテレビ事業を統合し、トムソン傘下のRCA（米国の伝統的なテレビブランド）ブランドでの生産も始めた。さらに2004年には仏アルカテルから事実上、携帯電話機の生産を引き継ぎ、アルカテルブランドの使用も始めた。

TCLは川上へも手を伸ばした。テレビの画面となる液晶パネルに進出し、2010年代に江蘇省蘇州に液晶パネルの合弁工場を建設した。広東省では薄くて軽い画面を作ることができる有機ELのパネルの製造も本格化させている。パネルの増産が続くなかで、元々傘下にあったテレビを組み立てる受託生産企業の茂佳国際を買い戻した。TCLはパナソニックなど他社ブランドのテレビ受託生産を拡大していく。

TCLの場合は垂直統合的な発展を続けるなかから水平分業的な受託生産事業が出てきた。これに対して台湾の鴻海精密工業は水平分業による受託生産が拡大するなかから垂直統合的な事業拡大に踏み出した。2003年に群創光電を設立し、川上分野の液晶パネルに参入した。さらに2010年に液晶パネルの奇美電子を買収し、群創と統合した。その後、シャープを傘下に加えたことで液晶パネルのリーディングメーカーになるとともに、シャープのブランドを手に入れた。

図3-3　収斂する垂直統合と水平分業

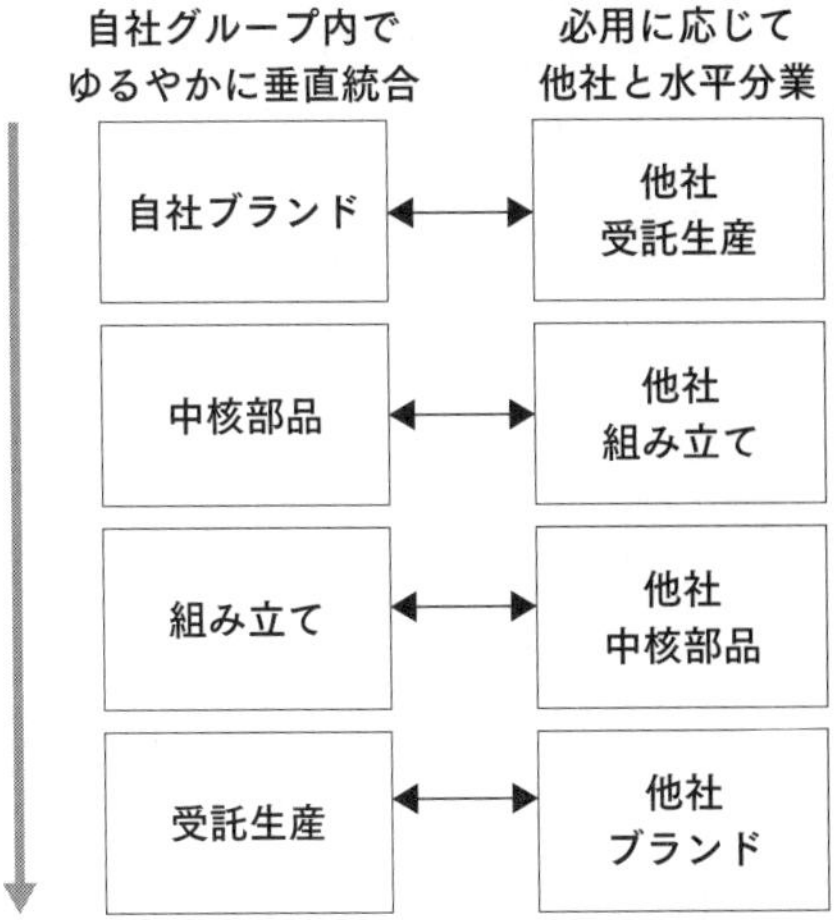

巨大化した鴻海は規模を背景に、エイサーが失敗した川中（組み立て）から付加価値の高い川上（中核部品）、川下（ブランド）へと伸びる、スタン・シーのスマイルカーブ理論を実現させたわけだ。鴻海はグループ内でソニーブランドのテレビの受託生産をしながら、一方ではシャープブランドのテレビを一貫生産していることになる。水平分業と垂直統合の双方を同時に手がけているのだ。

垂直にも水平にも対応できる
ゆるやかな結合

ＴＣＬも鴻海も垂直分業と水平分業を同時に進められるのは、事業（ユニット）ごとに会社が独立しているからだ。ＴＣＬで液晶パネルを作っているのは華星光電技術であり、テレビの受託生産は茂佳国際だ。鴻海でいえば、ソニーのテレビを組み立てている受託生産工場とシャープの工場が一緒になることはない。同じグループではあるが、事業ごとに会社が独立しており、別々の工場で別々のブランド製品が生産されている。

これからの垂直統合は、川上から川下に連なるグループ内の独立企業がゆるやかに結びつく形になるのかもしれない。グループ内の企業が集まって垂直統合による生産を続けるかたわらで、必要に応じてグループ外の企業とも提携し、水平分業的な生産をはさみ込んでいけるからだ。もちろん、グループ外の企業に安心感を与えるため、内部での垂直統合生産と外部との水平分業生産との間には厳格な壁を築かねばならない。

韓国のサムスンは2005年にファウンドリー（半導体の受託生産）事業に参入したが、2017年にシステムLSI事業部から独立させ、単独ユニットとした。日本のカンパニー制に似ており、半ば独立した事業体となった。サムスンはスマホでライバルの米アップルのチップセットを受託生産していたこともあり、自社製品と他社製品を明確に分けなければ発注元の顧客からの信頼を失ってしまいかねない。サムスンのファウンドリーの世界シェアは15％超とTSMCの50％超に次いで世界第2位につけている。

ゆるやかにグループ企業が結びつく形になれば垂直統合にも水平分業にも対応できる。垂直か水平かの神学論争を続ける意味は薄くなり、状況しだいで自社内で縦に完結することも、必要に応じて他社と横に連携することも可能になった。企業にとっての関心事は垂直か水平かではなく、いかに社内の事業ユニットと、あるいは社外の企業と情報を共有し、速やかな生産へと持っていけるかになっている。

１９９０年代に始まったサムスンの製品づくりの改革は社内の各部門が情報を共有し、水平分業的に結びつけるようにした点にある。各部門が上から下へと階層的に情報を伝えるのではなく、各部門が情報を共有し互いに連携する形にするのが目的だった。この改革がサムスンの垂直統合に柔軟性を与え、自社製品の生産と市場投入のスピードを速めたことはすでに述べた。垂直統合と水平分業のビジネスモデルがオーバーラップする手法はすでに始まっていたのだ。

水平分業で成長した企業が垂直統合に近づき、垂直統合で発展した企業が水平分業を試みるようになった。まさに二つのビジネスモデルが収斂しようとしている。

第4章

毛沢東戦略（農村から都市を包囲）
——新興国市場の勝者が世界の勝者

戦後の日本企業は米国市場で成長したためか、先進国市場をターゲットにした成長戦略に縛られてしまった。新興国市場の攻略は長らく軽視され、気がついたときにはアジア企業に席巻されていた。本章ではアジア企業が新興国市場をどのようにとらえ、攻略したかに目を向けたい。

1 農村市場開拓の先駆者＝華為技術（ファーウェイ、中国）

南アフリカの通信大手レインは中国の通信機器大手の華為技術（ファーウェイ）の通信設備を使い、2020年からアフリカ大陸で初の5G（第5世代移動通信システム）通信網の提供を始めた。アフリカのIT（情報技術）市場調査会社、ワールド・ワイド・ワークスのアーサー・ゴールドスタック氏はメディアに対し、「アフリカの通信インフラのシェア7割はファーウェイだ」と述べた。ロシアの通信社のスプートニクによると、2020年第3四半期、ロシア人がオンラインで購入したスマートフォンの3割がファーウェイ製だった。

技術や品質に劣る企業が成長するパターンとして中国のファーウェイが示したビジネスモデ

ルは興味深い。劣勢な企業が優秀な技術と品質を持つ企業と真正面から競争しても立ちゆかない。力の劣る段階では優良企業との競争を避け、優良企業が参入しない農村や新興国など未成熟な市場の開拓に力を入れる。そこで売り上げを伸ばし、規模、技術、品質が向上したところで先進国市場に参入し、先行企業に追いつき、追い越すという成長モデルだ。

毛沢東の戦略論と一致

このモデルは中国建国の指導者の毛沢東が唱えた「農村から都市を包囲する」という戦術に酷似する。1920年代の中国共産党は毛沢東がまだ主導権を握っておらず、共産党軍は都市部での蜂起を繰り返していた。都市部は敵の国民党軍が固めており、共産党軍は武装蜂起の失敗を繰り返した。こうしたなかで毛沢東は都市ではなく、農村を根拠地に革命を実現すべきだと説いた。

やがて毛沢東が共産党を掌握し、共産党は都市からいったん退く。農村を根拠地とし、地主から土地を奪って農民に分け与えた。共産党軍は農村出身の兵士を吸収し、規模を大きくしていった。1940年代後半の内戦時に、大規模化した共産党軍は多量の兵器を持つ都市部の国民党軍を撃破していった。このプロセスをビジネスで実現したのがファーウェイだ。

創業者の任正非氏は1944年に貴州省の貧しい村に生まれた。重慶建築工程学院に入学

図4-1　農村（新興国）から都市（先進国）を包囲

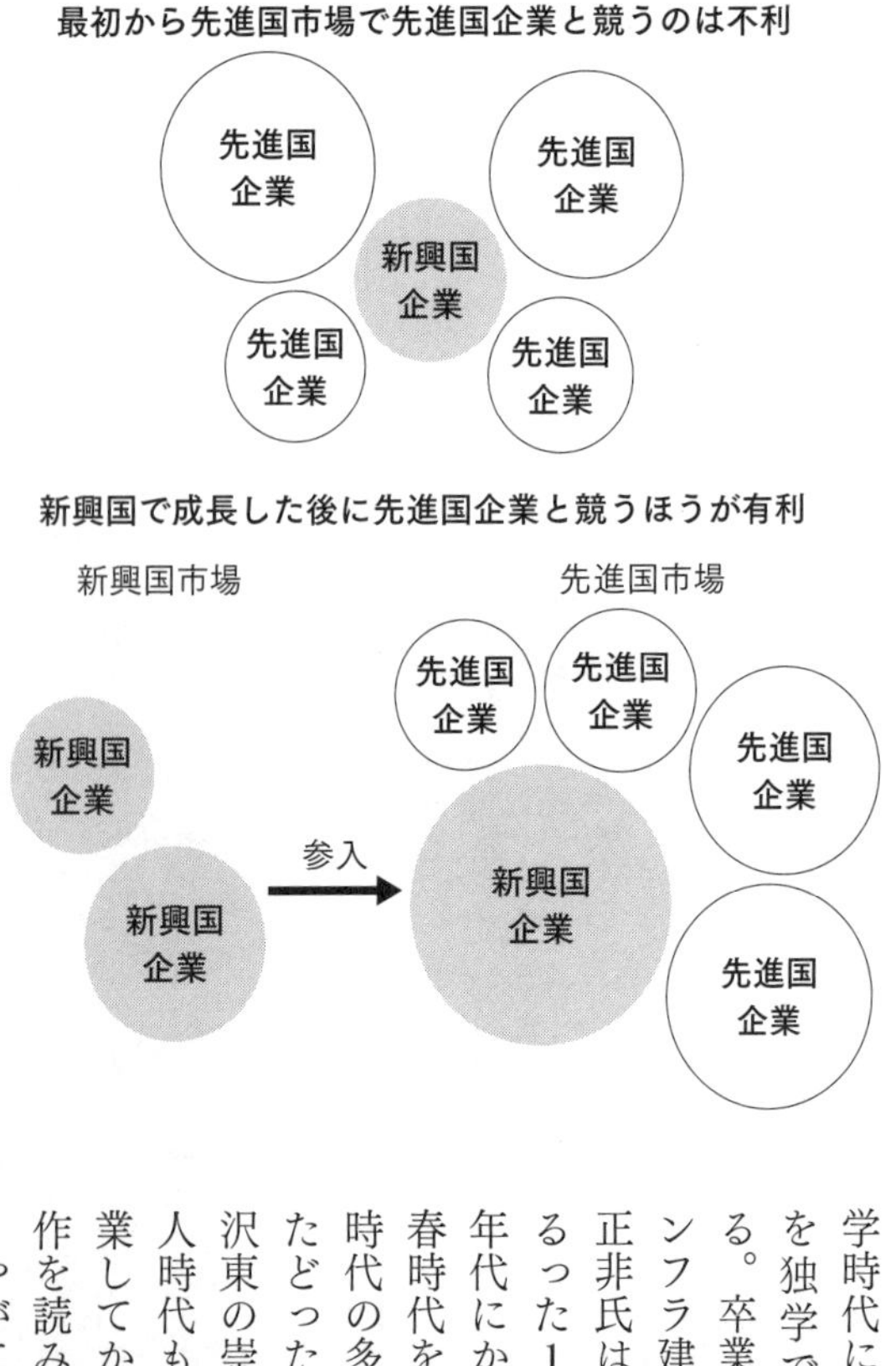

し、土木建築を学んだ。大学時代には電子計算機などを独学で学んだといわれる。卒業後は工兵としてインフラ建設を手がけた。任正非氏は、毛沢東が力をふるった1950年代から60年代にかけて少年時代、青春時代を送っている。この時代の多くの中国の若者がたどったのと同じように毛沢東の崇拝者となった。軍人時代もファーウェイを創業してからも、毛沢東の著作を読みふけった。

やがて、1987年に深

圳でファーウェイを創業した。最初は香港から電話交換機を輸入し、代理販売することから始めた。1990年代に入ると独自の電話交換機を開発したが、当時の中国の通信機器業界は「七国八制」と呼ばれる7ヵ国、8企業のシステムに牛耳られていた。日本のNECと富士通、米国のルーセント、カナダのノーテル、スウェーデンのエリクソン、ドイツのシーメンス、ベルギーのBTM、フランスのアルカテルだ。

大都市では国外の大手企業がひしめき、新興のファーウェイに入り込む隙間はなかった。任正非氏は1993年に大きな決断を下す。大都市攻略を避け、農村市場の攻略を指示したのだ。中国の7割の人口を抱える農村に電話は普及していなかった。ファーウェイは農村に交換機を取り付ける小さな営業チームを作り、他社の半値程度の価格で自社製品を売った。1993年秋から始めた農村市場の開拓は見事に成功し、94年に8億元（2021年のレートで約136億円）だった販売額は2000年に200億元を超えた。農村で基盤を固めたファーウェイは都市部へと進出し、大手企業への道を歩み始めた。

毛沢東率いる共産党の軌跡とそっくりだったことから、「農村から都市を包囲する」戦略だともてはやされた。もっとも、任正非氏自身はこの言葉で自社の成長戦略を語ったことはない。任氏の毛沢東好きが中国では知れ渡っていたためか、この戦略名をメディアがつけたようだ。都市部を回避し、農村をまず確保するというファーウェイの戦略は中国国内だけで終わらなかった。国外進出でも先進国企業が手薄な新興国市場で基盤を固めた。中国の農村と同様に、国外の大手通信機器メーカーは新興国への進出に及び腰だった。

最初は1997年に合弁企業を作ったロシアだった。翌年に起きたロシアの金融危機で欧米の通信機器大手は撤退したが、ファーウェイはロシアに残り、通信機器の受注を獲得した。同時に1997年にブラジルに合弁会社を作り、99年にインドのバンガロールに研究センターを設置した。そしてアフリカへの進出だ。2004年にケニアから大口の設備を受注し、これをきっかけにアフリカ各国で移動体通信の設備を受注していった。

2006年にファーウェイが契約した受注額は110億ドルで海外からが65%に達した。そのうちアフリカは20億8000万ドルとなっている。ファーウェイはアフリカで欧州のライバルよりも5~15%安い価格で受注したが、そもそもライバルが少なく、アフリカは利益を取りやすかった。アフリカで携帯電話用の基地局を建設するのは楽な仕事ではなかったが、アフリカでの利益は中国国内の何倍も多かったという。

米国の反撃を受ける

新興国で地盤を固めたファーウェイは2000年代後半から先進国市場の攻略を本格化した。利益を研究開発につぎ込み、品質を大幅に向上させた。2005年にブリテッシュテレコムからの受注を皮切りに欧州各国の市場に食い込んでいった。ファーウェイのここまでの発展は交換機や基地局など通信業界向けのビジネスだったが、2010年代に入るとスマートフォンなど一般消費者向けの製品に手を広げた。

ファーウェイのスマホは新興国だけでなく先進国でも好評をもって受け入れられ、ひとまず農村から都市を包囲する戦略は成果を上げた。もっとも、ファーウェイは株式の非上場を貫いており、企業内部は秘密の部分が多い。創業者の任正非氏が軍人出身ということもあり、中国政府や人民解放軍との関係を疑う声は絶えない。通信は安全保障と直結する分野だけに、米国では通信機器業界の巨人となったファーウェイをつぶそうと動き出している。

米国政府は、ファーウェイが中国政府や中国人民解放軍の意向を受けて情報を窃取していると断じてきた。ファーウェイ製の通信機器には情報を盗む仕組みが取り付けられていると主張する。2018年には米国の要請を受けてカナダ司法当局が、任氏の娘でファーウェイ副会長の孟晩舟氏をバンクーバーで逮捕した。イランとの金融取引の不正が理由だが、ファーウェイの事業への圧力と受け止められた。その後、米国政府はファーウェイへの半導体供給を差し止める措置をとるなど、同社への制裁を強めている。

英国など5Gでファーウェイ製設備の採用に動いていた国もファーウェイを排除すると決定した。スマホの販売も先進国で急失速している。それにもかかわらず、ファーウェイの経営はすぐに行き詰まる気配はない。たとえ欧米先進国での販売が米国の制裁で制限されても生き延びられるほど、アフリカや南米、ロシアなど新興国に強い基盤を築いている。これから先、ファーウェイの事業がどうなるのかは不透明だが、農村や新興国市場に基盤を置いて成長する戦略の有効性を示したのは間違いない。

ファーウェイに続けとばかり、地方都市や農村といった大都市に比べて所得の低い地域をターゲットにする中国企業は多い。OPPO広東移動通信（OPPO＝オッポ）と維沃移動通信（VIVO＝ビボ）が代表例だ。農村の街道や地方都市に直売店や代理店を設け、目立つ看板を掲げて伝統的な対面方式で売っている。シャオミが都市部の若者を相手にネットを使った口コミで爆発的に広がったのとは対照的だ。オッポもビボも、インドでの販売が急伸している。

コロンブスの卵と同じで、新興国市場開拓の結果だけを見ればどんな企業でもできそうに見えるが、実行は簡単ではない。新興国は生活インフラや衛生医療、治安が良いとはいえず、リスクが大きすぎるからだ。先進国企業にすれば、先進国市場で利益が保障されているのにあえて危険は冒したくない。実際にファーウェイもコンゴ民主共和国で起きた戦闘ではオフィスのすぐそばで戦火が交えられ、30数名の人員が閉じ込められたという（『任正非伝』、孫力科）。

数多くの中国人がアフリカではテロや身代金誘拐に巻き込まれ、生命の危険にさらされてきた。それでも中国の営業担当者らはアフリカで生き抜く知恵と力があった。2000年までの中国の一人当たり国内総生産（GDP）は1000ドル以下であり、中国自身が低開発の新興国だった。ファーウェイの営業員は中国農村の厳しい社会環境で鍛えられており、新興国の過酷なビジネス環境にも対応は可能だった。先進国出身者には簡単に真似はできなかった。

サムスンの地域専門家制度

韓国企業も2000年をはさんで新興国重視を打ち出した。中所得国レベルに成長していた当時の韓国にとって新興国市場の開拓は中国よりも難しい面があったはずだ。これを乗り越えるためにサムスン電子が活用したのが地域専門家制度だ。3年以上のキャリアを持っている若手社員を海外に派遣し、言語、文化、生活を学ばせる仕組みだ。韓国国内で3ヵ月間、完全に缶詰にされて派遣先の語学を研修する。研修を受けた後に派遣先の国に6ヵ月から1年滞在するが、現地の韓国人社会との接触を事実上禁止されるなど厳しい条件が付いている。

1990年代までの派遣先は日欧米など先進国が多数だったが、2000年代前半はBRICsと呼ばれるブラジル、ロシア、インド、中国に集中させた。2000年代後半になるとBRICs以外の東南アジア、中南米、東欧、中東、アフリカなどが派遣先となる。サムスンは2000年代のBRICsブームの波に乗り、2008年のリーマンショック以降はBRICs以外のアフリカ、南米などでもシェアを拡大した。ブームが起きる前に人材の確保に動いていたわけだ。サムスンの海外駐在員の3割が地域専門家の出身であり、現地の消費者ニーズを的確に把握し、本社に情報を集約しているという。

第3章で見たように、サムスンは多品種少量の生産システムを完成しており、各新興国の市場に見合った商品をタイムリーに投入できた。例えばインドでは鍵がかけられる冷蔵庫を販売した。治安に不安の残るインドでは家庭の冷蔵庫といえども鍵が求められた。混雑する街頭でも聞こえるように着信音のボリュームを大きくした携帯電話も投入した。LG電子は中東でコーランが流れるテレビを売り出し、話題になった。韓国勢は冷蔵庫など白物家電も、白よりカラーを好む現地の消費者のニーズをくみ、色をブラックやワインレッドにするなどした。

日本企業は新興国市場の開拓で出遅れてしまった。戦後、日本企業は国内である程度の成功を収めると米国市場へと輸出攻勢をかけた。1960年に世界のGDPに占める米国のシェアは4割もあった。この巨大な市場を攻略してこそ日本企業は成長できた。新興国は競争力のない企業が進出する市場といった意識が長く続いた。当時の日本人にとって新興国全体のGDPの世界シェア（2020年、IMF）が4割に達する時代が来るとは夢にも思わなかったに違いない。

1985年のプラザ合意で1ドル＝100円が定着しても日本企業は相変わらず欧米市場に目を向けていた。円高で高くなった日本製品を欧米の消費者に売り込むため、付加価値をさらに引き上げようと様々な性能を加えた。日本製品は品質に優れているという評判を獲得したが、新興国の消費者には手を出しにくい価格となった。2008年のリーマン・ショックで欧米市場が一時的に縮み、日本企業も慌てて新興国重視を打ち出したが、新興国向けに作られた製品は機能を大幅に省いただけの廉価品にとどまった。韓国企業のように現地の文化や生活スタイルに合わせた本当の意味での新興国仕様の製品開発に至らなかった。

2　セカンドブランド＝OPPO広東移動通信（オッポ、中国）

中国のスマートフォンメーカーのOPPO広東移動通信（OPPO＝オッポ）は2018年6月、インド事業を手がける独立会社の深圳市鋭爾覓移動通信を独立させた。「Realme」（リアルミー）のブランドを使い、インドで100ドルクラスのスマホの販売に乗り出した。インド市場では中国のスマホ大手の小米（シャオミ）が格安ブランドの紅米（ホンミ）を投入し、サムスン電子とシェア2―3割でトップを争っている。これに対して、オッポのグループはさらに安いRealmeで対抗した。調査会社のカウンターポイントによると、2020年第3四半期のシェアはRealmeが15％、OPPOが10％で両者を合計するとシャオミの23％を上回った。

本国のブランドと別のブランドで新興国市場を攻略する戦略をとる中国企業が相次いでいる。中国の一人当たりGDPは1万ドルを超え、新興国としては所得水準が高い。1万ドル以下にとどまる新興国は多く、本国の製品をそのまま持ち込めなくなった。かといって極端に価格の安い製品を投入すれば、定着しつつあった自身のブランドイメージが傷つく恐れがある。そこでセカンドブランドを作り、新興国市場に一気に攻め込もうとしている。逆に高級品のブランドを作り、先進国市場を狙う方式も広がっている。

格安スマホを別ブランドでインドに投入

中国と並ぶ新興国のインドでは、サムスン電子のスマホが長くシェアトップだった。そこにシャオミが2016年に格安ブランドの紅米(ホンミ)シリーズを投入し、瞬く間にサムスンと首位を争うほどに上り詰めた。中国企業のライバルであるOPPOと維沃移動通信(VIVO=ビボ)は守勢に回り、OPPOのシェアは約10%から5%前後に急落した。

そこでOPPOが属する欧加グループが動いた。インド用に別ブランドRealmeを立ち上げて別会社として独立させた。OPPOの海外事業部のトップだった李炳忠氏が新会社のトップになった。別会社にしたのはOPPOブランドに気兼ねすることなく自由にインド市場を開拓するためだ。Realmeの価格はホンミよりもさらに安い130ドルからに設定した。

ＯＰＰＯ広東移動通信は、中国の電子機器メーカーの歩歩高電子工業から２００３年に独立した。オーディオ関連の機器を製造していたが、やがてスマホの専門企業となった。ＯＰＰＯもＲｅａｌｍｅも欧加グループに属し、プレミアムスマホを扱う万普拉斯（ＯｎｅＰｌｕｓ）という企業もある。インドではサムスンとシャオミが25％前後のシェアを持ち、欧加グループもＲｅａｌｍｅとＯＰＰＯを合わせれば25％程度のシェアになり、争いが激化している。Ｒｅａｌｍｅはマレーシア、タイ、インドネシア、ベトナム、カンボジア、ミャンマーでもシェアを伸ばしている。

表 4−1　インドのスマートフォン市場シェア（%、出荷ベース）

ブランド	2020年1〜3月	2021年1〜3月
シャオミ	31	26
サムスン	16	20
ビボ	17	16
リアルミー	14	11
オッポ	12	11

［出所］カウンターポイント

ファッションブランドに代表されるように、消費者からの信頼を勝ち得たブランド製品は原価よりもかなり高い価格で取引される。値崩れすれば消費者の信頼を失ったことを意味する。だから、ブランドを有する企業はブランドの価値が損なわれる製品や販売手法を嫌う。百貨店や専門店でしか買えない憧れのブランドがスーパーで売られるようになれば消費者は興ざめしてしまう。新興国市場への浸透には廉価製品が必要だが、下手に取り組めばブランドの信頼を失墜させてし

図4-2　複数ブランドによる国別攻略

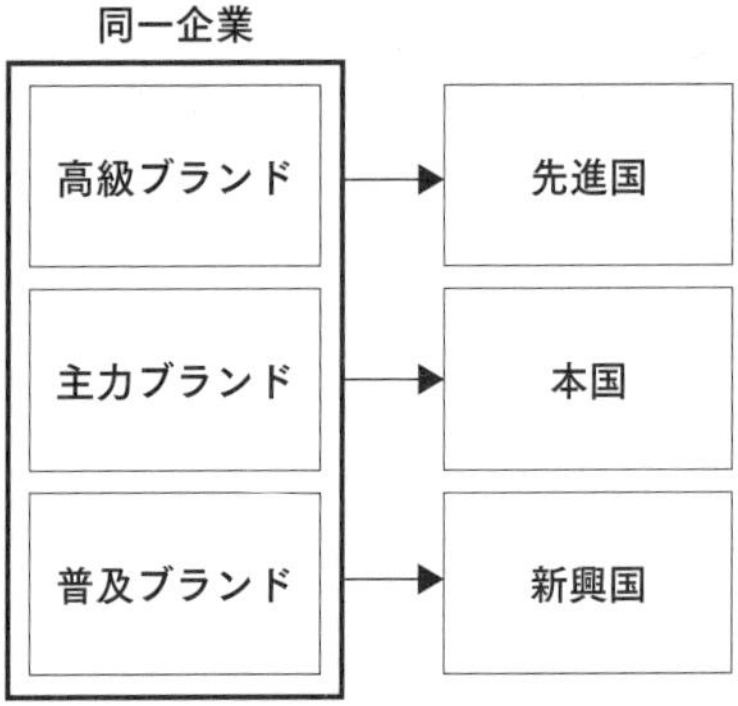

まう。先進国のブランド企業が新興国での展開に慎重になる理由だ。

こうした事態を回避するため、新興国向けの新しいブランドを別個に作って開拓する手法もある。日産自動車は２０１４年、インド市場向けに「ダットサン」ブランドを復活させた。ダットサンは日産が１９７０年代まで北米などで使ってきたブランドだ。しかし、日産は１９８０年代になるとブランドの統一を掲げ、このブランドの使用をやめていた。インドなど新興国市場の攻略にあたり、ダットサンを復活させた。復活第一号となるダットサン・ＧＯはデザインを日本が担当したが、技術開発と生産はインドで行われた。

中国企業はセカンドブランド、サードブランドを持つ企業が急増している。スマホのＶＩＶＯは、２０１９年に高価格帯のブランドとして「ｉＱＯＯ（アイクー）」を投入した。中国国内では経済成長とともに高級な商品群を求める層が生まれている一方で、新興国ではきわめて安い製品が求められるからだ。美的集団（マイディアグループ）はマイディアのほか、小天鵝（リトルスワン）、ＣＯＬＭＯなど国内外で10個以上のブランドを展開している。２０１６年に東芝の白物家電事業を買収し、日本では従来通り東芝ブランドで販売を続けている。

複数ブランドによるコスト増

多ブランド展開は、自社系のブランド同士で市場を奪い合うような混乱を招きかねない欠点を持つ。多品種生産のノウハウを持っていればよいが、そうでなければ生産コストがかさむ。かつて日本の自動車メーカーが多店舗チャネル経営を競ったことがあった。例えば、マツダはマツダ店に加え、ユーノス店、アンフィニ店、オートザム店、オートラマ店と5チャネルを持ち、それぞれの店ごとに異なる車種を供給していた。こうした手法は全体のパイが伸びているときは販売量の増加につながるが、縮小に向かうときには経営の圧迫要因となる。

復活した日産のブランド「ダットサン」はインドのほかインドネシア、ロシアで生産してきたが、ロシアでは２０２０年にダットサンブランドの生産、販売を中止した。複数ブランドを同時に展開するコスト負担に耐えられなかったようだ。新興国の攻略では日本企業もセカンド、サードブランドの利用が増えてもよさそうだが、バブルの崩壊で懲りたのか、日本企業はすっかりおとなしくなってしまった。

3　イスラム金融＝メイバンク・イスラミック（マレーシア）

マレーシアのイスラム銀行メイバンク・イスラミックは2020年、アラブ首長国連邦（UAE）のドバイに初の支店を開いた。中東の大口投資家向けに東南アジアのイスラム金融商品を提供する。メイバンク・イスラミックはマレーシア最大の商業銀行のマラヤン・バンキング（メイバンク）のイスラム銀行部門だ。2008年に独立し、メイバンクの支店網を使いながらシンガポール、インドネシアのイスラム社会にも食い込み、東南アジアで最大のイスラム銀行に育った。

イスラム教徒は全世界で18億人以上いるといわれるが、東南アジアから南アジア、西アジア、アフリカの新興国に集中している。イスラム教は世俗化が進んでいたが、2000年以降、教徒の間で教義に基づいた生き方を志向する動きが強まった。イスラム教の戒律や習慣に適合したビジネスでなければイスラム圏市場の開拓は難しくなりつつある。金融では利息が禁じられており、利息を伴わないイスラム金融の仕組みが不可欠だ。食品でも戒律にのっとって処理されたハラル食品が必要となる。東南アジアの企業はイスラム社会に適合したビジネスモ

図4-3　イスラム金融の仕組み

ムダラバ（投資信託に似た仕組み）

［注］利子という概念を使わない。投資と配当で資金をやりとりする

デルを築き、西に大きく広がるイスラム圏市場の開拓に動き出した。

イスラム金融で新興国開拓

イスラム金融を手がけるマレーシアのメイバンク・イスラミックがドバイに拠点を構えた。マレーシアなど東南アジアではイスラム金融方式の金融商品が増えている。これをペルシャ湾岸諸国の投資家に売り込む狙いだ。イスラム教徒が2億人を超えるインドネシアなどが比較的高い経済成長を続けており、東南アジアの資金需要は旺盛だ。ペルシャ湾岸諸国のオイルマネーと東南アジア成長地域が結びつけばウインウインの関係が築かれる。メイバンク・イスラミックはその橋渡しに商機を見出した。

メイバンクは漢字名では馬来亜銀行と言う。華人系銀行だったが、アジア通貨危機で同国の銀行再編が進み、マレーシア政府系ファンドが大株主の商業銀行となった。イスラム金融隆盛の流れをいち早くつかみ、イスラム金融専門のメイバンク・イスラミックを２００８年に設立した。東南アジアの経済成長とあいまってメイバンク・イスラミックは急成長を遂げている。ザ・アジアン・バンカー誌によると、2020年のメイバンク・イスラミックの預金額は439億ドルであり、サウジアラビア、ドバイ（アラブ首長国連邦）、クウェートのイスラム銀行に次いで第4位だ。総資産も579億ドルと4位となっている。

イスラム教の教義では利息を取ることや、投機性の強い金融取引は禁止されている。しかし、利息は禁止されていても転売で生じる利益や、使用料金、配当のすべてが禁じられているわけではない。イスラム金融では、こうした戒律で許されている金融取引、商行為を使って、利息のつく金融商品と同じような利益を得られる仕組みを開発した。

例えば、定期預金の代わりをする仕組みにムダラバがある。ムダラバでは銀行が預金者から集めた資金を事業者（企業）に投資し、事業者はこの資金を使って事業を発展させることができる。これはあくまで投資であり、利子を伴う融資ではない。事業から得られた利益は事業者、銀行、預金者の間で配当として分配される。事業に失敗すれば預金者のお金もなくなる恐れがあるが、政府が第三者として元本を保証する仕組みを整えている。

熱心なイスラム教徒は利息を嫌って自らのお金を家にしまい込むか、宝飾品を買って価値の目減りを防いでいた。そこにメイバンク・イスラミックのようなイスラム銀行が現れたのだ。多くのイスラム教徒が口座を開き、預金を始めた。住宅ローンや自動車ローンもイスラム金融方式で資金を借りられるようになり、手軽なイスラム式保険も買えるようになった。イスラム金融は単純な預金から債券、保険、デリバティブへと発展している。その仕組みはなかなかに複雑であり、解説は関連の専門書に譲りたい。

ハラル食品で西方のイスラム圏に進出

このほかにイスラム圏でビジネスをするうえで理解しなければならない制度にハラル認証がある。イスラム教の戒律ではブタを食べてはいけないことはよく知られているが、これ以外でも犬、猫など多くの動物の食用が許されていない。食べてよい肉であっても肉をさばくときのしきたりにのっとって処理し、調理されなければならない。食べてよいものはハラル食品と呼ばれ、その国の認証機関から認証書を得る必要がある。

インドネシアの食品会社インドフード・スクセス・マクムルは、１９９５年にナイジェリアに即席麺「インドミー」の工場を開いた。２０１９年段階で3工場を操業し、日産８００万袋を生産している。ナイジェリアでは、即席麺といえばインドミーというほど各家庭に普及している。ナイジェリアの人口は2億人とアフリカの大国であり、北部を中心に人口の半分はイスラム教徒だ。食品市場は大きいが、住民の半分を占めるイスラム教徒からの信頼が得られなければ商品は普及しない。

その点でインドネシア企業のインドフードは有利だった。インドネシアの多数派もイスラム教徒であり、インドフードは国内でもハラル食品を製造してきたからだ。サウジアラビア、エジプトなどにも進出し、ハラル対応の即席麺を投入した。インドフードはインドネシアのサリムグループの中核企業に育った。

即席麺を発明した日本企業も、イスラム圏ではインドミーの後塵を拝する形になっている。即席麺大手のサンヨー食品はナイジェリアに2013年に生産拠点を築いた。同社はシンガポールの農業関連商社のオラム・インターナショナルを合弁パートナーに選んだ。シンガポールもイスラム教徒が多く、ハラル対応事業の豊富な知識と経験を持つ。

インドの次に成長が期待されている西アジア、アフリカの新興国にはイスラム信者が多く、市場開拓にはイスラム金融やハラル食品などイスラム教適合型のビジネスモデルの構築が求められている。ただし、現状では日本など東アジアではイスラム教義や戒律、慣行に詳しい人々は限られている。東アジアの企業が単独でイスラム関連のビジネスモデルを築くことは難しく、東南アジア、南アジアの企業と組みながら知識やノウハウを蓄えていくほかに道はないのかもしれない。

第5章

狙うのはボトムかトップか
――所得階層別マーケティング

第4章では先進国、新興国といった地理的な区分けを基準にビジネスモデルを紹介したが、本章では新興国の所得分布の違いにどのように対応するべきかという問題に触れたい。

1 低所得層マーケティングの難しさ＝タタ自動車（インド）

インドの自動車メーカー、タタ自動車は２０１９年、格安の超小型車「ナノ」を１台も生産しなかった。ナノは10万ルピー（２０２１年のレートで約15万円）で買える超格安の自動車としてタタが２００９年に発売した。所得の低いインドの消費者への浸透を想定したものの、豊かさを求める消費者の好みに合わずに販売が低迷した。タタはナノを２０１８年12月に88台販売したが、２０１９年の販売実績は2月の１台のみにとどまった。タタは２０２０年に電気自動車（ＥＶ）の多目的スポーツ車（ＳＵＶ）「ネクソンＥＶ」を発表したが、価格は１４０万ルピーからとインド市場としては高価格路線を打ち出した。

今回は失敗した事例から始めたい。「ナノ」は２００９年の発売当時、世界一安い自動車と喧伝された。スズキ（マルチ・スズキ）がインドに投入している低価格車でも20万ルピーからだったが、ナノはその半分の価格だった。破格の低価格は機能をできるだけ省いて実現した。日本の軽自動車は3気筒エンジンだが、ナノは2気筒エンジン。ワイパーは一本のみ。ドアミラーも運転席側についているだけで助手席側にはついていない。エアバッグ、アンチロック・ブレーキ・システム（ABS）などの安全装置もついていない。ラジオやエアコンはオプションでつけた。

低所得層に自動車を

タタ自動車はインド最大の財閥であるタタグループの中核企業だ。開発のきっかけとなったのは、当時タタの会長だったラタン・タタ氏が雨の日にインドの路上で目にした光景だった。いくつものスクーターが自動車と自動車の間を縫ってすり抜けていく。ビニールのかっぱをかぶり、家族4人が1台のスクーターに乗っていた。家族全員が雨露をしのげる安全な自動車を手の届く価格で提供したいという考えがラタン氏を動かしたという。

しかし、インドの消費者からの支持は弱かった。販売台数のピークは2012年の7万6000台にとどまり、13年には米CNBCテレビのインタビューでラタン・タタ氏は「ナノを世界最安の車として売り込んだのは、残念ながら不幸だった」と述べ、見通しの甘さに言及した。その後、ナノは何度かモデルチェンジをしたが、売れ行きは振るわず、2018年には

図5-1　ボトム・オブ・ピラミッド

月間に１００台も売れない状態に陥った。

　新興国の低所得層向けのビジネスはボトム・オブ・ザ・ピラミッド（Bottom Of the Pyramid：ＢＯＰ）ビジネスと呼ばれてきた。所得階層別に人口分布図を作成すると、高所得者がきわめて少なく、低所得者がきわめて多い三角形、つまりピラミッドの形になる。この分厚い底辺部をBottom Of the Pyramidと呼ぶ。Base Of the Pyramidと言い換えることもある。いずれにせよ、先進国のビジネス関係者による「上から目線」を感じさせる響きがあるが、ＢＯＰはビジネス用語として使われており、本書でもこの表現を使いたい。

　２００７年に国際金融公社（ＩＦＣ）と世界資源研究所（ＷＲＩ）が公表した所得階層別の人口構成によれば、年間所得が３０００ドル（購買力平価、基準年２００２年）未満の低所得層は約40億人、潜在的な消費者市場の規模は5兆ドルと計算された。年間所得が３０００ドル以上2万ドル未満の中間層は14億人、消費市場の規模は12兆５０００億ドルとはじかれた。当時のインドの一人当たりGDPは購買力平価で約3000ドルとされるが、名目値では約1000ドルにすぎなかった。

幻だった低所得層のボリュームゾーン

この時点ではインドではほとんどの人々が低所得層に分類される状況にあった。ボリュームゾーン（いちばん消費者数の多い層）に支持される商品を提供すれば、薄利多売でもビジネスが成り立つと考えられた。タタはボリュームゾーンの低所得層をめがけてナノを開発したが、結果は失敗に終わった。タタの失敗は自動車の購入ができるボリュームゾーンを見誤った点にある。ナノはドル換算で2000ドルの格安車だったが、それでも年間所得が1000ドルに満たない層にとっては高すぎた。買えない層にいくら商品をアピールしても売り上げが伸びるわけはなかった。

逆に年間所得が3000ドルを超える層には手が届く価格だったが、インドの中間層といわれる消費者にとってナノは魅力的な自動車ではなかった。開発の経緯から低所得層向けに機能を絞った安物という印象を与えてしまった。とりわけ、低所得層から中間層に上ってきたばかりの層にとって自動車の購入は長年の夢の実現であり、性能や外見も大切な要素となる。走るだけの機能では満足できない。それほど価格が高くなく、見栄えがよく、基本的な性能はつい

表5-1　インドの乗用車販売台数（2020年）

企業(略称)	台数	シェア(%)
マルチ・スズキ	1,213,660	50
現代	423,642	17.4
タタ	170,151	7
起亜	140,505	5.8
マヒンドラ	136,500	5.6

［出所］RushLane

ていてほしい……。そんな商品が好まれるのだ。

中間層と呼ばれる階層に上った人々は価格が5000ドルから1万ドルの自動車をほしがった。まさにインドに進出したスズキが投入している自動車の価格帯だ。スズキは中間層になりたての人々の心をつかみ、インドでシェア5割を維持してきた。この価格帯の自動車を買える層の中で最も人数の多い層がボリュームゾーンであり、商品はそこにターゲットを絞るべきなのだろう。

インドでは家電メーカーのゴドレジが2006年に発売した「チョットクール」（ヒンディー語でちょっと冷たいという意味）もBOPビジネスとして話題になった。プラスチック製の冷蔵ボックスで中に入れた食品を5度から15度に保てる。容積は43リットル。12ボルトの直流電圧で機能し、バッテリーでも太陽光でも作動する。コンプレッサーも冷媒も使っておらず、8キログラム以下の軽量なため持ち運びがしやすい。価格も日本円で7000円程度だ。

電気が来ていない農村でも冷蔵庫の代わりに食べ物を保存できるというのがセールスポイン

トだったが、話題性のわりにはインドで爆発的に売れたという情報は聞こえてこなかった。農村部は自給自足の生活に近く、食品を数日にわたって保存するというライフスタイルが根づいていない。食品を買いためる習慣が芽生えた上位低所得層は冷蔵庫をほしがる。インドでも1万円台から冷蔵庫を購入できるため、チョットクールには手を出さない。チョットクールの投入は低所得者を大切にする企業イメージを浸透させる効果はあったが、どれだけ利益につながったのかは定かではない。

人口のボリュームゾーンと商品を購入できるボリュームゾーンは異なる。BOPビジネスは低所得者のニーズと人口数を分析し、それに見合った製品の質と量の投入が求められる。とはいえ、BOPビジネスは理論的には可能でも実践となるときわめて難しい。上位低所得者層は中間層の求める商品に憧れ、下位中間層は上位中間層が求める商品をほしがる傾向がある。ナノやチョットクールが大きく成功できなかったのは、階層ごとの心理分析まで手が回らなかったからだ。

低所得層に向けた販売イノベーション

BOPビジネスでは低所得層の消費水準に合わせて商品構成をそろえるだけでは足りず、低所得層の手に届く販売面でのイノベーションも大切となる。BOPビジネスの成功例として英蘭ユニリーバのインド子会社がよく挙げられる。インド子会社のヒンドゥスタン・ユニリーバは石鹼やシャンプーを小分けし、低所得層でも購入できる小さな金額にして販売を可能にしたと伝えられた。しかし、冷静に考えれば商品の小分けぐらいはどこの企業でもできる。

ユニリーバのビジネスモデルの核心部分は販売手法にあった。１９９０年代のインドでは人口の３分の２が人口１０００人以下の農村で生活していたとされる。スーパーもドラッグストアもなく、ユニリーバの製品を扱う場所がなかった。電気も通じておらず、農民はテレビも見られなかった。まだスマートフォンもなかった時代だ。商品を宣伝するメディアやツールは何もなかった。

そこでユニリーバは２０００年に農村の販売員育成プロジェクトを始めた。インドの村々の女性を集め、簡単な商品知識を教えた。講習を受けた女性は商品を仕入れるための小口融資を受けられた。女性たちは借りたわずかばかりのお金でユニリーバ製品を購入し、近隣の村々で売って歩いた。こうした女性たちはシャクティ・アマ（活力ある女性）と呼ばれた。

シャクティ・アマを組織し、農村に販売を根づかせるのは面倒な仕事のようだが、農村の隅々に代理店を設置するよりもコストがかからなかった。貧困に苦しむ農村の女性に仕事を与える効果もあり、政府や非政府組織（ＮＧＯ）からの協力も得られた。シャクティ・アマは２０１７年までに５万人規模に膨れ上がり、シャクティ・アマから報告された村々の情報がデータベースとして活用できた。いったん農村に販売ルートが確立してしまえばこのルートに載せて、様々な別の商品を売ることもできた。BOPビジネスでヒンドゥスタン・ユニリーバはインドの優良企業としての基盤を固めた。

2　マイクロファイナンス＝グラミン銀行（バングラデシュ）

バングラデシュのチッタゴン近郊の農村に住む人々は竹で編んだ椅子を売っていたが、材料の竹を買うお金を仲買人から高利で借りていた。利子を払えば椅子を売ってもほとんど手元にお金が残らなかった。１９７４年にチッタゴン大学の経済学部長だったムハマド・ユヌス氏は小額の資金を42世帯の貧困家庭に低利率で貸し付けた。これが後にグラミン銀行に発展した。年利２００％のような高利貸しがはびこるなかで、グラミン銀行は20％前後の金利で貧困層に貸し付けた。小額の資金を得た貧困家庭は手工業や行商などの零細事業を営み、これで生活を支えるとともに返済資金を稼いだ。

低所得層を対象とする金融ビジネスにマイクロファイナンスがある。貧困家庭にわずかな資金を貸し付け、生活用品の販売や家内制手工業を営んでもらい、貧困からの脱却を手伝う社会福祉型ビジネスだ。マイクロファイナンスを始めたムハマド・ユヌス氏は2006年にノーベル平和賞を受賞した。BOPビジネスが成功できるカギは、マイクロファイナンスにあると言ってもよいかもしれない。低所得層にお金が回らなければ商品経済も回らず、BOPビジネスは成り立たないからだ。

BOPはマイクロファイナンスとセット

バングラデシュから始まったマイクロファイナンスはBOPビジネスとセットになってインドやカンボジアなど世界各地に広まった。インドでユニリーバがBOPビジネスに成功したのもマイクロファイナンスがあったからだ。シャクティ・アマはお金を持っておらず、ユニリーバの製品を仕入れることができなかった。そこでマイクロファイナンスを利用した。シャクティ・アマは15人ほどのチームを組み、マイクロファイナンスから資金を借りて石鹸や洗剤を仕入れた。彼女らは熱心な販売で返済資金を稼いだうえ、仲間同士のプレッシャーからマイクロファイナンスへの資金返済が滞ることは少なかった。

グラミン銀行グループもヨーグルトの女性販売員を組織する事業に乗り出している。2006年にフランスの食品メーカーのダノンと合弁でヨーグルト工場をバングラデシュのボグラに立ち上げた。乳幼児の栄養が偏りがちなことからビタミンなど栄養素を加えたヨーグル

図5-2　マイクロファイナンスの仕組み

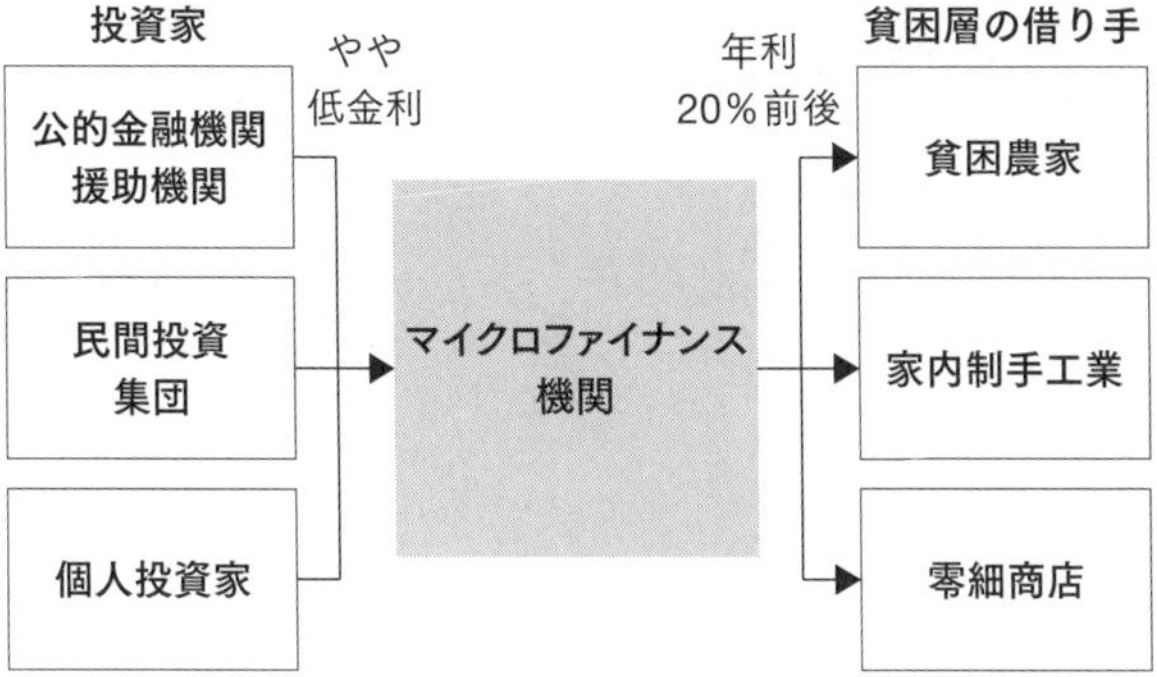

トを女性販売員（グラミンレディ）が戸別訪問で売っている。ヨーグルトの原料となる牛乳を供給する農家もグラミン銀行から資金を借りて乳牛を育てている。

グラミン銀行が始めた無担保での少額低利融資のシステムは農村の人々、特に女性に仕事を与え、貧困救済に役立った。しかし、金融機関が農村の貧困家庭を回って資金を回収するのは人手と時間のかかる作業だ。事業としては高コストになり、利益は上がりにくい。マイクロファイナンスの本質は利益をある程度、度外視したソーシャルビジネスだ。社会問題を解決しようとしても慈善事業だけでは資金が続かないため、ビジネスの要素を取り入れて事業を継続可能にしたものといえる。

グラミン銀行の当初の資本はドナー機関からの低利率での提供だった。グラミン銀行は資金調達のために債券を発行するようになったが、発行に際してはバングラデシュ政府の保証を受けた。こうした援助がなければ低コストで投資資金を集められない。低コストで資金を調達できなければマイクロファイナンスは成り立たない。利益を上げようと思えば高金利や貸し付けの無理強いが起こり、貧困層を助けるどころか苦しめることになる。グラミン銀行とダノンのヨーグルト事業も「出資した元本以上の利益は取らない」という約束を両者で交わした。

マイクロファイナンスは社会問題を解決するための手段であり、営利を目的とする純粋なビジネスとはいえなかった。半分は慈善事業だったマイクロファイナンスだが、ITの発達によって純粋なビジネスに変化しようとしている。ネットを使って資金を調達し、小口の貸し出しができるようになったからだ。与信審査、送金手続きもITを使えばコストをかけずに実現できる。ビジネスとしてマイクロファイナンスが回る下地ができた。

P2Pで純粋なビジネスに

例えば、P2P（ピアーツーピア）はネットを通じて小規模な資金の貸し手と小規模な借り手を結びつけるIT時代のマイクロファイナンスだ。借り手はスマホを使って融資を申請する。P2Pの業者は借り手の情報をネットで集め、与信審査をする。P2P業者は国内外の貸し手から融資を募り、借り手を紹介する。貸し手にとっては銀行に預けるより高い金利で融資でき、借り手にとっては銀行から借りるより低い金利で融資を受けられる。申請から数日で資

図5-3　P2Pの仕組み

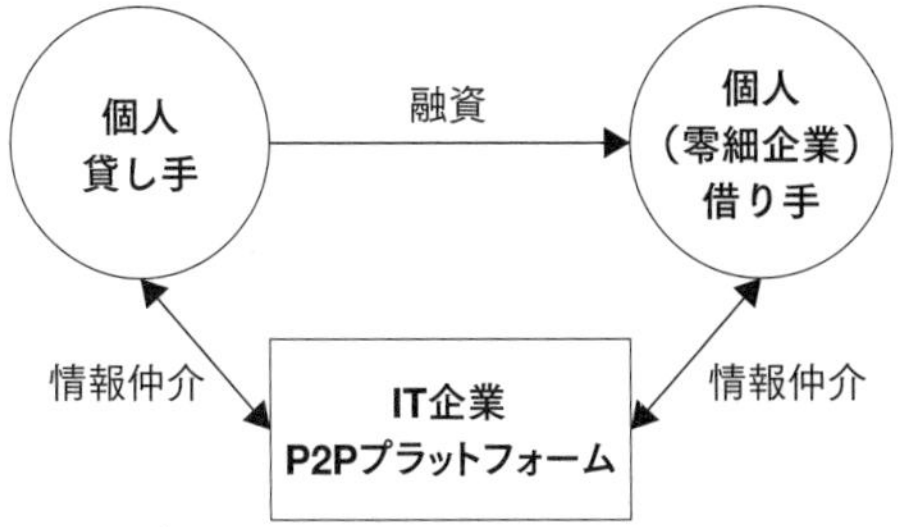

金を受け取れるスピードも魅力だ。P2P業者自身は紹介だけで貸付業務を手がけない。

実例を挙げると、インドネシアの電子決済事業最大手のOVO（オボ）がある。OVOはインドネシアの華人財閥リッポーグループが始めた電子決済サービスだ。OVOはネットで商品を販売する小売業者の電子決済に使われているが、出店業者は個人か零細企業が多く、事業資金に事欠いていた。そこでOVOは、2019年までにP2Pレンディングサービスのタラライトを買収した。タラライトを通じて零細業者はネットで小額の資金を低金利で借り入れし、商品の仕入れができる。業者だけでなく、商品を買う消費者もお金を借りられる。

P2Pによる融資は英国で始まり、米国へと広まったが、新興国で爆発的に普及している。新興国の農村には金融機関がないことが多い。低所得層は銀行口座を持てず、融資や保険とも無縁だった。それゆえにBOPビジネスも広がりにくかった。

P2Pを使えば銀行口座がなくとも電子マネーで資金を借りら

れる。こうしたＩＴによって、すべての人が金融サービスを利用できるようにすることを金融包摂（ファイナンシャル・インクルージョン）と呼ぶ。新興国政府は貧困対策としてＩＴ企業による金融包摂を後押ししている。

アジアでは中国に最初に広がり、インドネシアで大きく伸びている。もちろん新サービスには悪質な業者が紛れ込み、高利貸しや違法な資金集めも横行する。多くの新興国では当局の監視が追いついていない。中国ではＰ２Ｐ業者の倒産が相次ぎ、当局が規制を強めた。アジアのビジネスモデルとして健全に発展できるかどうかは、もう少し様子を見る必要があるだろう。

3　富裕層ビジネス＝シャングリ・ラ・ホテル（マレーシア、香港）

香港の高級ホテルチェーンのシャングリ・ラ・ホテルズ＆リゾーツは２０１４年、ロンドンの高層ビルのザ・シャード内の34階から52階に英国初のシャングリ・ラ・ホテルを開業した。87階建てのザ・シャードは細長いピラミッドのような建物だ。眼下にはテムズ川、セントポール寺院、ロンドン塔、タワーブリッジが広がる。ロンドンに先駆け２０１０年にパリでシャングリ・ラ・パリを開業した。19世紀末に建てられた邸宅を改装したもので、こちらはエッフェル塔を間近に望める。１泊料金は季節による変動があるが、ロンドンが8万円前後から、パリが10万円からとなっている。

所得のピラミッドにはボトムの部分があるが、トップの部分も存在している。富裕層だ。ピラミッドのてっぺんに位置し、人口はきわめて少ないが、富のシェアではその国の過半を握る場合さえある。富裕層を狙ったトップ・オブ・ザ・ピラミッド（TOP）ビジネスも成り立ちうる。クレディ・スイスの調査（2019年）によると、全世界で100万ドル以上の資産を持つ成人は4700万人で世界全体の0・9％にすぎないが、資産の43・9％を保有している。とりわけ新興国では貧富の格差が大きい。1％の人々がインドでは全体の58・4％（2016年）の富を保有し、タイでも66・9％（2018年）を保有する。新興国こそトップ・オブ・ピラミッド（TOP）ビジネスが成立しやすいのだ。

アジアにも超富裕層が存在

シャングリ・ラ・ホテルはマレーシア出身の華人、ロバート・クォック（郭鶴年）氏が1971年にシンガポールで最初に開業した。クォック氏は製糖業で成功し、後にホテル業に進出した。東南アジアへは欧米からのビジネス客やツーリスト客が盛んに訪れていたが、高級ホテルはラッフルズやマンダリンオリエンタルなど植民地時代からの大手に牛耳られていた。

クォック氏はツーリズムの発展を見込み、アジア各地にシャングリ・ラ・ホテルを建てていった。バンコク、香港へと進出し、1984年には中国浙江省の景勝地、杭州に中国最初のシャングリ・ラを開業している。

クォック氏がアジアの富裕層をどこまで意識していたのかはわからない。東南アジアの富裕層は華人が多いためか、華人向けにどのシャングリ・ラにも広東料理の名店「夏宮」や「香宮」がある。最初はシンガポール、クアラルンプールなどの裕福な華人の集まる地域で成功し、中国の経済成長とともに中国人客を取り込んだ。アジアでの高評価を背景に2010年にパリ、14年にロンドンと欧州に進出し、1泊10万円以上のラグジュアリーホテルの仲間入りをした。低所得層が圧倒的多数を占めるアジアでも一握りの富裕層は存在しており、富裕層を足がかりに世界のラグジュアリーホテルへと飛翔することは可能だった。

低所得層向けに超格安車のナノを手がけたタタ自動車は、ほぼ同時期に富裕層向けのビジネスにも手を染めている。2008年に米フォードから名門ブランドの英ジャガー・ランドローバーを23億ドルで買収した。ジャガーは1台1000万円前後もする高級車。こうした高級ブランドを新興国のタタ自動車に運用できるか危ぶまれたが、むしろ格安車のナノよりも成功した。インドの富裕層だけでなく、中国の富裕層にも歓迎されたからだ。タタは2012年に中国の奇瑞汽車（安徽省）と合弁会社設立し、ジャガー・ランドローバー車の生産に乗り出した。ジャガー・ランドローバーの中国での販売台数は2017年に14万台を超えた。

世界から富裕層を集めるメディカルツーリズムも東南アジアでは盛んだ。診察のかたわら観光を楽しみたい富裕層を取り込む。マレーシアに本拠を置くIHHヘルスケアはシンガポールの繁華街の近くにマウント・エリザベス・ノベナ病院を経営する。ホテルのようなエントランスに厳重なセキリティ。1日の料金が100万円以上の病室もある。どこの国の大病院でも専門医師による診察には1ヵ月近く待たされる場合もあるが、ここでは数日で診てもらえるという。イスラム教徒向けの食事も用意されており、中東からの受診者も多い。

貴族マーケティング

日本は低所得層向けのビジネスも苦手だが、富裕層向けのビジネスも得意とはいえない。戦後の日本は貧富の格差のない社会を目指した。それがある程度成功し、1970年代から80年代までの各種調査では、8割の回答者が自分を中流、中間層と答える「1億総中流」と呼ばれる平等社会を実現した。中間層がそのままボリュームゾーンだった。日本企業はこの8割の中間層向けに製品やサービスを開発した。かつての米国もまた分厚い中間層に支えられており、日本企業は米国の中間層をターゲットに商品を輸出した。

これが日本企業のBOPビジネス、あるいはTOPビジネスの感覚を鈍らせたのかもしれない。バブルの時代でも本当に富裕層の好む製品を作れず、ゴタゴタとたくさんの機能を重ねるものづくりをしてしまった。バブルがはじけ、新興国重視が謳われると機能を絞った廉価品に集中した。高所得層、低所得層の双方の心理を理解できていなかったのかもしれない。富裕層向けのビジネスでは金持ちにおもねるような後ろめたさを感じ、低所得層向けでは見下すような感覚に罪悪感を持った。そうこうしているうちにアジア企業が高所得層、低所得層のマーケティングで成功してしまった。

他国の企業は所得階層に関してはドライだ。自国内でもそれなりの格差があるからだ。格差を与えられた条件として受け入れ、各層に対して綿密な攻略作戦を展開している。サムスン電子で常務を務めた吉川良三氏によれば、韓国ＬＧ電子は貴族、文化、スポーツの三つのアプローチで異なる階層に自社ブランドを意識させたと指摘している。貴族マーケティングでは富裕層を対象とし、一流ホテルのロビーやスイートルームに無償で最高級のテレビを提供した。富裕層に自社ブランドを根づかせ、購入を働きかけるためだ。

文化マーケティングは中間層向けだ。絵画やコーラスといった活動をしている人々が集う喫茶店などに一流ホテルよりはグレードの落ちるテレビを提供した。スポーツマーケティングは新興国の貧困層を対象とする。新興国の貧しい家庭の子どもはスポーツ選手になって貧困から抜け出そうとする。テレビではなく、自社のブランドが描かれたサッカーボールを寄付したのだという。自社ブランドを知ってもらうところから始めるマーケティングだった。

第6章

タイムマシン経営
——先進国と新興国を橋渡し

後発国が先発国のモデルを踏襲することで技術やビジネスモデルは普及する。英国で誕生した技術やビジネスをフランス、ドイツなどの欧州大陸が引き継ぎ、20世紀には米国、そして日本が発展させた。アジアでも欧米日からいち早く先進ビジネスを導入し、成功した企業は多い。

1 フォロワー・ビジネス＝CPグループ（タイ）

タイで小売業を展開するCPオールは2022年をめどにラオスにコンビニエンスストアのセブン－イレブンを開設する。CPオールはタイ財閥のチャロン・ポカパン（CP）グループの中核企業の一つだ。1989年にタイにセブン－イレブンの1号店を開いて以来、タイ国内では1万2000店を展開している。カンボジアに続き、ラオスでのセブン－イレブンのマスターフランチャイズ権を獲得した。ラオスでもセブン－イレブンを多店舗展開する方針だ。

ソフトバンクグループの孫正義会長が名づけたビジネスモデルに「タイムマシン経営」がある。米国で花開いたビジネスを日本に持ち込む経営手法を指す。技術やビジネスで最先端を走

図６−１　タイムマシン経営

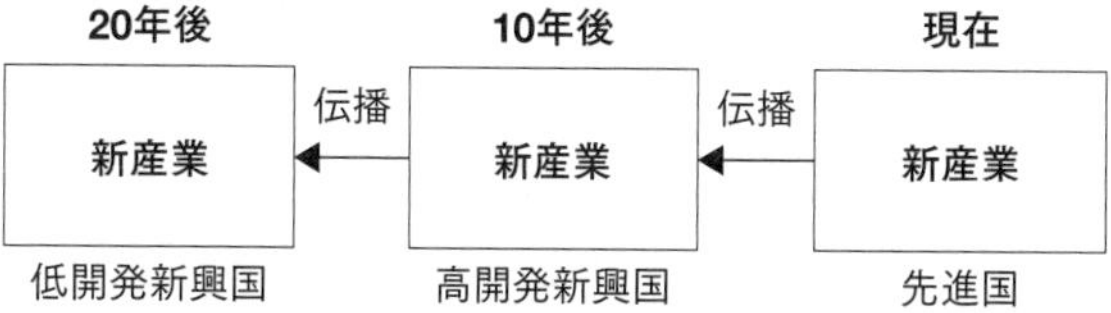

先進国は未来の姿

る米国で生まれた手法は少し時間がたてば日本でも普及の機が熟する。その前に準備をし、待ち構えれば成功するチャンスは格段に上がる。タイムマシン経営は、先発国と後発国との発展の時間差や、普及のタイムラグを利用し、先発国から持ち込んだビジネスで一気に後発国の市場を獲得するものだ。あたかもタイムマシンに乗って未来の姿を観察し、未来の技術やビジネスを現在に持ち帰るようかのようであることから名づけられたものだろう。実際、孫正義会長は１９９０年代に米国の見本市などに熱心に足を運び、ヤフーなどを日本に持ち込んで成功した。

先進国から導入、本国で成功、さらに新興国へ

ＣＰはタイ最大の華人企業グループだ。創業者が野菜の種の販売で商売を始め、息子らが飼料会社として事業を発展させた。兄から経営のバトンを受けたタニン氏は米国で確立していたブロイラーをタイに導入する。米国型の養鶏事業をタイで展開し、食肉加工で成功する。日本のセブン-イレブンで販売している「サラダチキン」

はCPグループが日本に輸出している。CP製の冷凍食品は日本のファミリーレストランやファストフードでも数多く使われている。CPは関連食品を本国でも売るために自ら小売業に乗り出し、CPオールをつくった。1980年代に欧州でブームになっていた会員制ホールセールクラブのマクロをオランダから導入し、さらにセブン-イレブンを1989年にタイに持ち込んで大当たりさせた。

常に米欧日の食品、流通、サービス業を注視しており、タイで商売になりそうなビジネスをいち早く導入してきた。典型的なタイムマシン経営だが、CPはそこで終わらなかった。タイに導入し成功したビジネスを、タイよりも経済発展が遅れている地域に持ち込み、二度目の成功につなげている。1970年代末に中国（当時の中国の経済水準はタイを大きく下回った）に進出し、「正大」の名前で飼料、養鶏、食肉加工を大規模に展開した。やがてスーパーやショッピングセンターなど、流通業でも中国の大手業者の一角を占めるに至った。

東南アジアでは後発国とされるベトナムに巨大な養鶏工場、食肉処理、食品加工工場を運営している。東南アジアで経済成長が遅れていたカンボジアとラオスにセブン-イレブンを開く。タイと消費文化が近似する両国にタイで培ったコンビニのノウハウを移植する考えだ。コンビニは一人当たりGDPが3000ドルに達すると需要が高まるといわれる。ラオスの一人当たりGDPは2600ドル（2020年）、カンボジアは1600ドル（同）と、3000

図6−2　一人当たりGDPと商品・店舗普及の目安

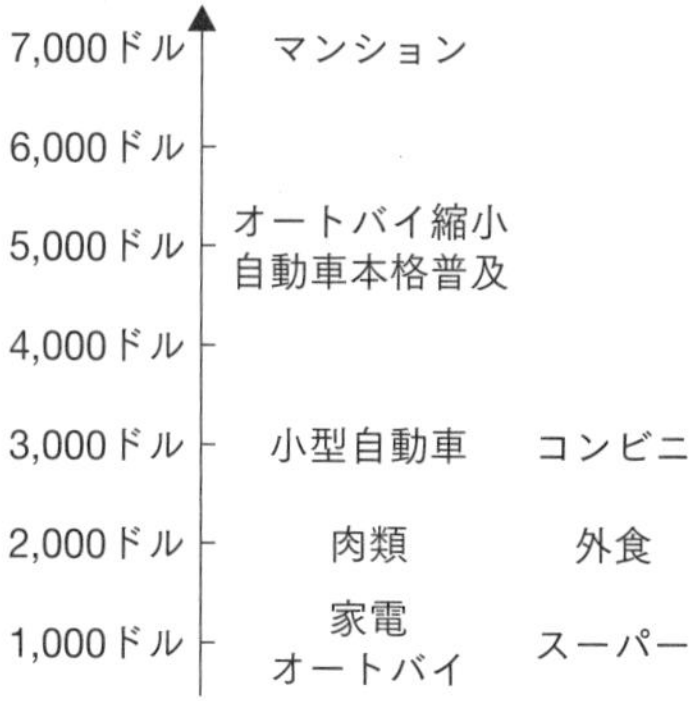

［注］各業界で言われる目安
厳格な根拠はない

ドルを目指して成長が続いている。コンビニ事業の種をまく時期としては最適と判断したのかもしれない。

先進国と新興国の中間にある優位性

まず先進国からノウハウを導入し、本国・地域で普及に成功し、さらに成功したノウハウを持って、これから発展してくる新興国に先回りして進出する。タイムマシン経営を「導入と進出」の二度にわたって活用した企業には、日韓にまたがるロッテグループ、台湾の統一グループなどがある。

ロッテは日本でガムやチョコレートの菓子メーカーとして成功し、1960年代に韓国に進出した。日本で稼いだ資金を韓国に投資し、食品製造のほかに、ホテル、デパート、テーマパーク、コンビニ、建設、化学に進出。韓国で事業を始める際には日本の人材をスカウトし、いずれも軌道に乗せた。デパートでは三越など複数のデパートで管理職や経営幹部を務めた秋山英一氏、コンビニではセブン-イレブン・ジャパンの初期のメンバーの本多利範氏らを招いた。韓国経済は日本の10年から20年遅れて同じ水準に達するといわれる。日本で成功したビジネスを韓国に持ち込めば、ちょうど韓国でそのビジネスが芽吹くところにぶつかった。そして、ロッテは2000年代に入るとベトナムへの投資に邁進《まいしん》する。ホーチミンのロッテホテル、ハノイのロッテセンターはベトナム経済のテイクオフの波に乗り、二度にわたってタイムマシン経営の成功を収めた。

台湾の統一グループも台湾へのスターバックスの導入に成功し、上海に進出した（現在は持ち株を売却）。セブン-イレブンも台湾に根づかせ、上海でも展開している（中国の中部のみ）。筆者は統一グループのオーナーに何度かインタビューする機会があったが、「今、日本ではどんなビジネスが流行っていますか」と聞かれたものだ。幹部社員らは日経流通新聞（現日経MJ）の新製品や新サービスを熱心に読みふけっていた。

タイ、韓国、台湾はタイムマシン経営の二重活用で成功した企業が多いが、それにはもちろん理由がある。こうした国家・地域は先進国と新興国との中間に位置する「高開発の新興国」（現在の韓国、台湾は先進国の経済水準）だった点で共通する。先進国がビジネスを低開発の新興国に移植しようとしても、新興国との消費水準の差が大きすぎれば難しい。無理に移植しようとすれば生活様式や発想が異なるために消費者の求める商品を見誤りやすい。第4章で見たように新興国で日本企業が成功できなかった理由だ。

その点、タイ、韓国、台湾などの高開発の新興国は、先進国との差がそれほど大きくなく、先進国のビジネスを移植しやすかった。同時に、高開発の新興国は低開発の新興国との経済水準の差も小さかった。高開発の新興国にとって、低開発の新興国の経済水準は少し前の自分たちの姿であり、発展に向かう低開発の新興国の消費者が何を求めているのかを容易に理解できた。先進国から導入したビジネスを低開発の新興国の成長に合わせてタイミングよく投入することが可能なのだ。

一時、中国市場の開拓ビジネスは台湾企業と組めばうまくいくといわれたのはこうした背景があるからだ。台湾の人々にとって中国の消費者の姿は少し前の自分たちの姿であり、投入すべき商品やサービスが具体的に思い描ける。

2　所得階層構造の変化リスク＝現代自動車グループ（韓国）

||||||| 現代自動車の河彦泰（ハ・オンテ）社長は2021年3月の株主総会で、中国で付加価値 |||||||

値の高い車種の拡販に注力する考えを明らかにした。現代自動車グループが得意とする小型車が売れなくなった。2021年は現代の高級車ブランド「ジェネシス」を中国で発売し、起亜も多目的レジャー車（RV）「カーニバル」の新型モデルを投入する。傘下の起亜自動車と合わせた中国での販売台数は2016年に計179万台だったが、2017年は114万台に急減した。中国車との競争が激しくなり、2020年には66万台まで落ち込んだ。現代自動車は北京第一工場の操業を停止した。

先進国との時間差を利用し、新興国で稼ぐタイムマシン経営で注意しなければならないのは、時間の経過にしたがって消費水準が変化する点だ。新興国の経済成長が続けば低所得層の何割かは中間層に移る。企業は階層変化のタイミングに合わせて商品構成やサービスを調整していかねばならない。過去に新興国の消費者にヒットした商品でも、所得が変化すれば人気を失う。

中間層の成長を見誤る

現代自動車の中国での販売不振は政治的な報復と言われてきた。韓国が米国の「地上配備型ミサイル迎撃システム（THAAD、サード）」を在韓米軍に配備すると、中国が強く反発したからだ。しかし、これはきっかけにすぎない。本当の理由は、豊かになった中国の消費者の嗜好が変わってきたためだろう。中国の一人当たりGDPが2008年に3000ドルを超え、中国はモータリゼーションで沸き立った。経験則から3000ドルを超えると小型車や低価格車が売れ始める。モータリゼーションの初期に大きく成長したのが現代自動車だった。

中国はその後も成長を続け、一人当たりGDPが2011年には5000ドルを突破した。5000ドルになると自動車が本格普及すると言われる。新車販売の平均価格は2006年に7万元（2021年のレートで約120万円）だったが、11年に11万元を超えたとされる。成長した中間層は多目的スポーツ車（SUV）や高価格帯の車を好むようになった。だが、現代自動車グループは対応できなかった。小型・中型セダンと低価格型モデルがある程度売れていたため、ラインナップの転換が遅れた。成功していたことでかえって対応が後手に回った。

小型車を得意とする日本のスズキも同じ苦しみを味わった。ピークの2011年には30万台近くを売ったが、2012年から販売台数が減り始め、17年に10万5000台まで落ちた。2018年には中国生産の撤退を決断するに至った。世界的な大メーカーのドイツのフォルクスワーゲンやトヨタ自動車は幅広い車種を持ち、成長した中間層の変化に合わせることができた。小さな車が中心のスズキは中・大型車や高級ブランドを投入できず、対応は難しかった。

その点、現代自動車グループは再挑戦する力を秘めている。中・大型車はもちろん「ジェネシス」といった高級ブランドを有している。2021年から低価格の中国特化モデルを減らし、高価格車の比率を増やすという。燃料電池自動車（FCV）「NEXO」のテスト運行をするほか、電気自動車「アイオニック5」を投入する。

縮小・撤退の時間表

一人当たりGDPが高まるにつれて社会インフラが整い、生活様式も変わるため、売れ筋商品やサービスも変わってくる。どのくらいの経済水準になればどのような商品やサービスが売れるのか。商品やサービス、店舗形態について参入できる水準を示した目安が業界ごとにある。例えば、家電やオートバイは一人当たりGDPが1000ドルに近づくと爆発的に売れるといわれる。スーパーマーケットのような小売形態も歓迎されるようになる。前述したように小型自動車は3000ドルで売れ始め、5000ドルを超えると全車種が売れ筋に入ってくる。

こうした目安はしっかりした理論的な根拠があるわけではなく、経験則から生まれたものだろう。日本は1960年代に一人当たりGDPが1000ドルに向かって成長していたが、その頃は白黒テレビ、冷蔵庫、洗濯機などの家電がブームになった。街にはスーパーマーケットが現れ、買い物をスーパーで済ますことが当たり前になっていった。コンビニのセブン‐イレ

図6-3　所得ピラミッドの変化

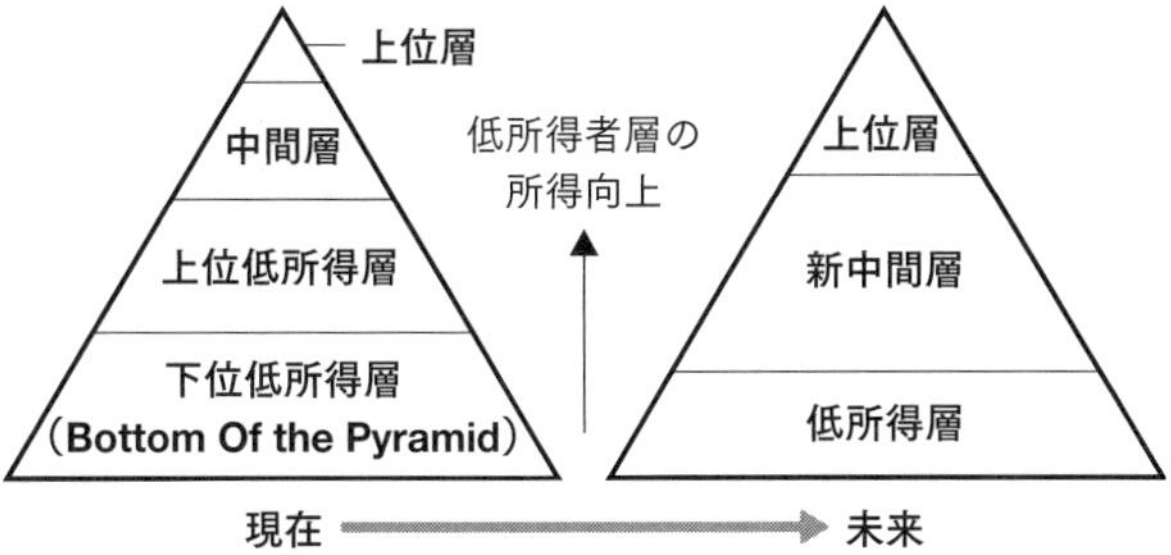

ブンが日本に導入された1974年は、一人当たりGDPが3000～4000ドルの時期に当たる。

注目すべきなのは所得水準の上昇とともに、ブームが去っていく商品や事業形態があることだ。コンビニを成功に導いた鈴木敏文・セブン&アイ・ホールディングス前会長は「1970年頃から商品の価格を下げても売れなくなった」と話していた。鈴木氏はセブン-イレブンを導入した当時の親会社のイトーヨーカ堂で働いていたが、そこで消費の変化を嗅ぎ取った。都市の消費者は低価格品を大量に買う生活スタイルから、高くともその時に必要な物を適量買うスタイルへと変化しつつあったという。低価格を目玉にしたスーパーの勢いがなくなり、コンビニの時代を迎えようとしていた。消費の変化を見誤り、スーパーを大量に出店していたライバルのダイエーグループは1990年代に経営が行き詰まった。

タイムマシン経営を追求するのならば進出の時期だけでな

く、事業拡大の停止、縮小、撤退の時期まで参考にすべきなのかもしれない。スーパーならば一人当たりGDPが3000ドルを超えたあたりから勢いを失う。オートバイも5000ドルあたりで自動車に切り替わる。とはいえ、事業の開始や拡大は容易だが、後ろ向きの決定は下しにくい。CPもロッテも2000年代に中国でスーパーの事業に成功したが、2010年代に入って多くの店舗が閉店に追い込まれた。豊かになった消費者はスーパーでの爆買いをやめ、ネット通販などによる小口購入に切り替えた。事業が不振に陥る前に縮小していればよかったのだが、各社ともリストラが遅れた。

留意すべきなのは、中国で小型自動車やスーパーは勢いを失ったが、さらに豊かになれば復活する可能性があることだ。米国や日本では各家庭が一人1台の自動車を持つことが多く、2台目、3台目の需要には手頃な価格の小型車が適しているからだ。先進国では1台で何百万円もするような高級バイクも売れる。都市部の小型高級スーパーも歓迎されている。中国でも小型自動車やバイク、スーパーが復活する日が来るかもしれない。タイムマシン経営は新興国のかなり先の未来を展望する際にも役に立つ。

3　アジアからの逆上陸＝ジョルダーノ（香港）

香港のカジュアル衣料チェーン、ジョルダーノは2008年夏、北京オリンピックの開催に合わせ、有名デザイナーによるオリジナルTシャツを販売した。「WORLD WITHOUT STRANGERS（世界には他人はいない）」がコンセプト。米フィリップ・パゴウスキー氏ら10人ほどのデザイナーが参加し、それぞれ人類へのメッセージを込めて図柄を作成した。Tシャツは1枚2000円程度でネットでも購入できた。ジョルダーノは独自の生産拠点を持ち、若者が好むデザインの衣料を低価格で届けるSPAで成功した。

1980年代に衣料ビジネスに「ファストファッション」と「SPA」といわれるビジネスモデルが誕生した。ファストファッションは最新の流行を取り入れながらも価格を抑えた衣料品を、ファストフードのように短いサイクルで大量生産し、販売する手法を指す。SPAは米衣料品大手ギャップが言い出した造語で"Speciality store retailer of Private label Apparel"の頭文字を取って作られた。製造小売りと訳される場合が多い。ファッション商品の企画から生産、販売までの各部門を一社で手がけるビジネスモデルだ。垂直統合の一種と見てよい。

ユニクロのモデル

衣料品のビジネスでは商品の企画、製造、卸、小売りの各事業が独立して運営されてきた。専門に特化する意味もあったが、在庫リスクを低減する目的から自然にこうした分業が発達したのだろう。小売店は売れなければ在庫品を返品することができた。SPAは自分のブランドで衣料品を作り、自分のブランドショップで販売する。小売りの現場でつかんだファッション情報をもとに素早くデザインし、速やかに生産できるメリットがある。生産された衣料はすぐさま小売り店舗に運ばれる。流行時の販売チャンスを見失わず、流通コストを低減できるが、在庫は自ら売り切らなければならない。

ファストファッションを実現するには製造と販売が社内でつながっているSPAの業態が適している。アジアで最初にSPAモデルを実現したのはジョルダーノだといわれる。ジョルダーノは、中国広東省から香港に密航してきた黎智英（ジミー・ライ）氏が1981年に香港で創業した。黎氏は1970年代に衣料縫製の工場経営に進出し、やがてジョルダーノのブランドショップで自社商品を売り始めた。紳士向けのプレミアムのカジュアル服から出発したが、1980年代半ばに中間層向けの低価格衣料に商品構成を切り替えた。Tシャツは500円程度、派手なデザインのカジュアル衣料が1000円台で購入できた。豊かになった若い香港人のテイストに合っていたのか、またたくまにチェーン店として広がった。

ライ氏がジョルダーノを始めた時点でギャップはまだSPAの概念を発表しておらず、世界の先頭を切ってのスタートだった。隣接する中国広東省には安価な工場労働者が集まってきており、ジョルダーノはそこで低コストでファッショナブルな衣料を生産できた。SPAを意識していたというより、香港のビジネス環境がライ氏を新しいビジネスモデルに導いたといったほうがよいかもしれない。ジョルダーノは全世界に2600店舗の店を持ち、アジアの若者のカジュアルファッションを先導している。

ファーストリテイリングの柳井正会長はユニクロを立ち上げた際、ジョルダーノのビジネスモデルを参考にしたようだ。「視察に訪れた香港で『ジョルダーノ』のポロシャツが目に留まりました。低価格の割に品質がいい。ライ氏に会いに行き、商売に国境はなく、製造と販売には境がないことを学んだ」（SankeiBiz、2019年9月19日）。有名デザイナーのデザインした衣料品を手頃な価格で販売するジョルダーノの手法はユニクロでも見られる。

雁行モデルの乱れ

1980年代までのアジア企業による事業のほとんどが米国、欧州、日本の後追いだった。

１９７０年代まで欧米はもちろん、日本との経済格差は大きかった。豊かになるには欧米、そして日本のビジネスモデルをまるごと持ってくるのが早道だった。タイムマシン経営がアジアのビジネスでは成功の源だった。米国が多くのビジネスモデルの端緒を開き、日本がアジアで最初に取り入れて成功した。日本で成功したビジネスを韓国・台湾・香港・シンガポールが取り入れ、中国と東南アジアが続いた。こうした段階的に技術やビジネスが伝播する形態は「雁行モデル」と呼ばれる。ビジネスが次々に伝播していく様は、雁が隊列を組んで空を飛ぶ様子に似ているからだ。

米国に次いで二番目を飛ぶ雁だった日本は、新たなビジネスを見つけるために米国の動向に注目していればよかった。ところが、１９８０年代に入ると雁行モデルの隊列が乱れ始めた。香港が急激な成長を見せ、１９８８年には一人当たりＧＤＰが1万ドルを超えたのだ。日本に遅れることわずか7年だ。ここまで格差が縮まると消費の現場では日本の先を行くビジネスも起こり得る。ＳＰＡビジネスの登場は隣接地に中国があったという幸運に恵まれたものだが、香港の消費水準や嗜好がすでにニューヨークや東京と変わらなくなっていたからだともいえる。

当時の香港は若い中間層が厚みを増しつつあり、ジョルダーノはこうした層に訴求する商品コンセプトや店舗づくりで成功した。余談になるが、ジミー・ライ氏はジョルダーノの株を売

図6-4　生活関連ビジネスの伝播

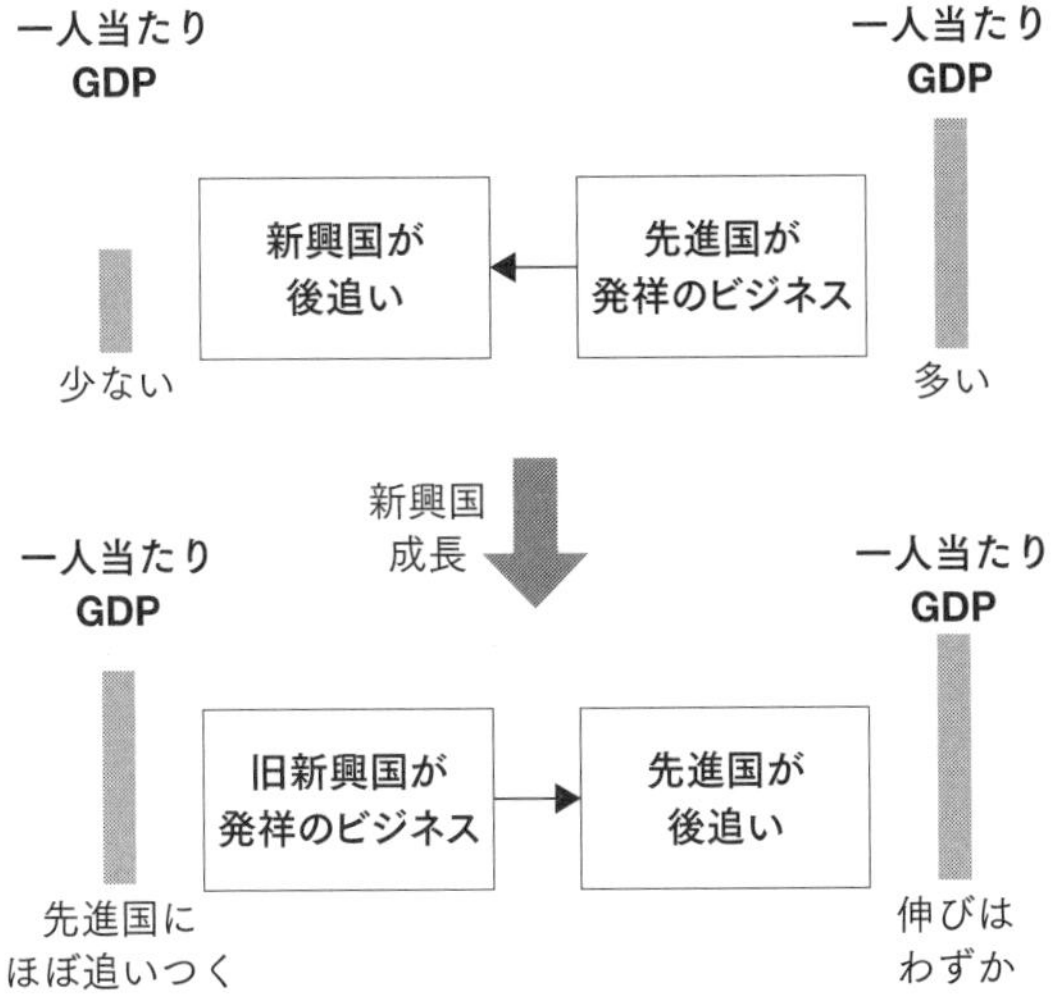

り、アパレル産業から身を引いた。代わりに始めたのがメディア産業だ。1995年に『蘋果日報（アップルデイリー）』を創刊し、やがて中国政府と対立し、国家安全維持法違反で2020年には収監された。筆者は1995年前後に二度ほどジミー・ライ氏にインタビューしたが、メディアへの進出について「香港には一部の高級紙と大部数の大衆紙しかない。私は中間層のテイストに合ったメディアを作りたい」と繰り返し強調していた。

1990年前後から日本企業がアジア企業に先を越される事例が増えていった。1989年に台湾の台北でオープンした誠品書店もその一つだ。美術書が店内の棚に多く並べられ、雑貨や文具が販売されている。ゆったりした広いスペースにおしゃれな家具を配置し、お茶や軽食もフロア内で楽しめるスタイルだ。それまでの本が積み上げられたカビ臭い書店のイメージを一新した。一部では24時間営業の店もあり、台湾の若い中間層を取り込んでいった。

蔦屋書店がほぼ似たようなコンセプトの大規模店「代官山T-SITE」を2011年にオープンしたが、台湾に大きく後れをとった。誠品は2019年に東京日本橋に誠品生活を開設し、日本上陸を果たした。豊かになったアジアからはこれからも新たな消費スタイルに基づいたビジネスが登場するだろう。日本企業がアジア企業の開発したビジネスモデルに習うタイムマシン経営が増えていくことは間違いない。

第7章

リープフロッグ（カエル跳び）
——新興国企業が先進国企業を飛び越す

消費水準が上がるにしたがって新興国が先進国に先駆け新たなビジネスを展開するモデルに第6章では触れたが、この章では最新技術を使って新興国が先進国を一気に飛び越えるリープフロッグ（カエル跳び）現象を見ていきたい。

1　アウトソーシング＝インフォシス（インド）

インドのＩＴ（情報技術）大手インフォシスは２００９年、メキシコに開発センターをオープンした。インターネットを使って24時間、世界中の顧客にＩＴ関連のサービスを提供する「グローバル・デリバリー・モデル（ＧＤＭ）」が一段と深まった。ＧＤＭは複数の地域で作業をやりとりできる拠点を世界各地に配置し、顧客にタイムリーにサービスを提供する手法だ。インフォシスは米国の顧客企業から受注した案件をコストの安いインドの拠点で開発している。インドと米国には大きな時差があるため、時差のないメキシコなどの近場の拠点があれば必要に応じて受注案件をサポートできる。

１９８０年代にハードウェアの分野で手間のかかる事業を海外に委託するアウトソーシングが始まったが、やや遅れてソフトウェアでもアウトソーシングが盛んになった。ソフトはデータのやりとりをするだけでも済むため、インターネットの普及とともにハードよりも速いスピードで海外委託が広まった。ITソフトやシステムの業界では遠く離れた海外地域へのアウトソーシングをオフショアリングと呼んでいる。インドには大勢の技術者が存在しており、低コストで大量の業務を受注できた。インド企業はオフショアリングで急成長していった。

フラット化した地球

インドを代表するオフショアリング企業がインフォシスだ。インフォシスの創業者のナラヤナ・ムルティ氏は1981年に6人の技術者とソフト開発の会社をインドのプネーに興したが、インド国内には顧客がいなかった。インドではコンピューターを導入する企業はまだ少なく、ソフトウェアやシステム開発も先行する大手企業が独占していた。

そこでインフォシスが行ったのが米国市場の攻略だった。当時のIT業界では「オンサイト」（現場作業）と呼ばれるビジネス方式が主流だった。業務を受託した企業が顧客企業の拠点内に入り込み、ソフトやシステムを開発する方式だ。当初、インフォシスも米国の顧客企業にIT技術者を派遣していたが、米国への技術者派遣は費用がかさんだ。インフォシスは「オンサイト－オフショア」というビジネスモデルへと切り替えた。顧客企業へと派遣されたIT技術者がシステムに必要なソフトウェアなどを確認し、実際の開発はコストの低いインドで手がけた。オンサイトとオフショアを組み合わせた手法だった。

グローバル・デリバリー・モデル（GDM）はオンサイト－オフショアのモデルをさらに進化させた手法といえる。顧客社内（オンサイト）と、顧客から離れた開発拠点（オフショア）だけでなく、顧客の近く（ニアショア）にも開発拠点を設けた。事例にあるように、インフォシスは米国（オンサイト）で受注し、インド（オフショア）で受注案件を開発しているが、顧客の要望に応じてメキシコ（ニアショア）でも開発できる。インドとメキシコを組み合わせれば24時間、顧客の要望に対応できる。外部から顧客企業のシステムを24時間、管理するリモートサービスも編成しやすくなる。

GDMは地球上の最適な地域を組み合わせて作業を進めるやり方であり、自動車や家電・電機の製造業で発達した部品の世界最適調達に似ている。短期間かつ低コストで製品を完成できる仕組みとなった。このモデルが実現できたのは、言うまでもなくインターネットのおかげだ。地球は丸く、地理的に距離があり、国家や民族、言語など様々な産業の壁があったが、ネットの登場で壁は取り払われた。地球に住む人々はどこにいてもつながるようになった。新興国の人間が先進国のビジネスの現場にアクセスでき、先進国の人間や企業と競争することも可能となった。

ビジネス環境の地球規模での大変化を表した言葉に、「地球のフラット化」がある。米ニューヨーク・タイムズ紙のコラムニスト、トーマス・フリードマン氏はインフォシスの2代目最高経営責任者（CEO）のナンダン・ニレカニ氏との取材で聞いた「（ビジネスの）競技場は平らにならされている」という一言にインスピレーションを受け、2005年に『フラット化する世界』を著した。IT企業は先進国と新興国の分け隔てなく、同じ土俵で戦い始めた。

下請けからコンサルティングへ

情報システムはメインフレームと呼ばれる大型コンピューターの集中管理から複数のコンピューター（サーバー）で分散管理する時代に変わり、ネット上で情報サービスを共有できるクラウドが現れた。ものづくりの現場では設計から部品製造、組み立てまでコンピューターを使ってやり遂げるデジタルエンジニアリングが普及した。家電や自動車などモノをネットで結びつけるIoT（モノのインターネット）が叫ばれ、人工知能（AI）がビッグデータを分析するシステムも当たり前になった。

当初はソフトやシステム開発の下請けに甘んじていたインドのIT企業だが、受注を続けるうちに新技術を吸収し、ITならばひと通り対応できるIT百貨店になった。ネットを使って地球の反対側で事業をまるごと代行する「ビジネス・アウトソーシング・プロセス（BOP）」にも乗り出した。ソフトやシステムの開発企業というより、ITを使って顧客企業の経営を改

図7−1　インドIT企業の位置づけの変化

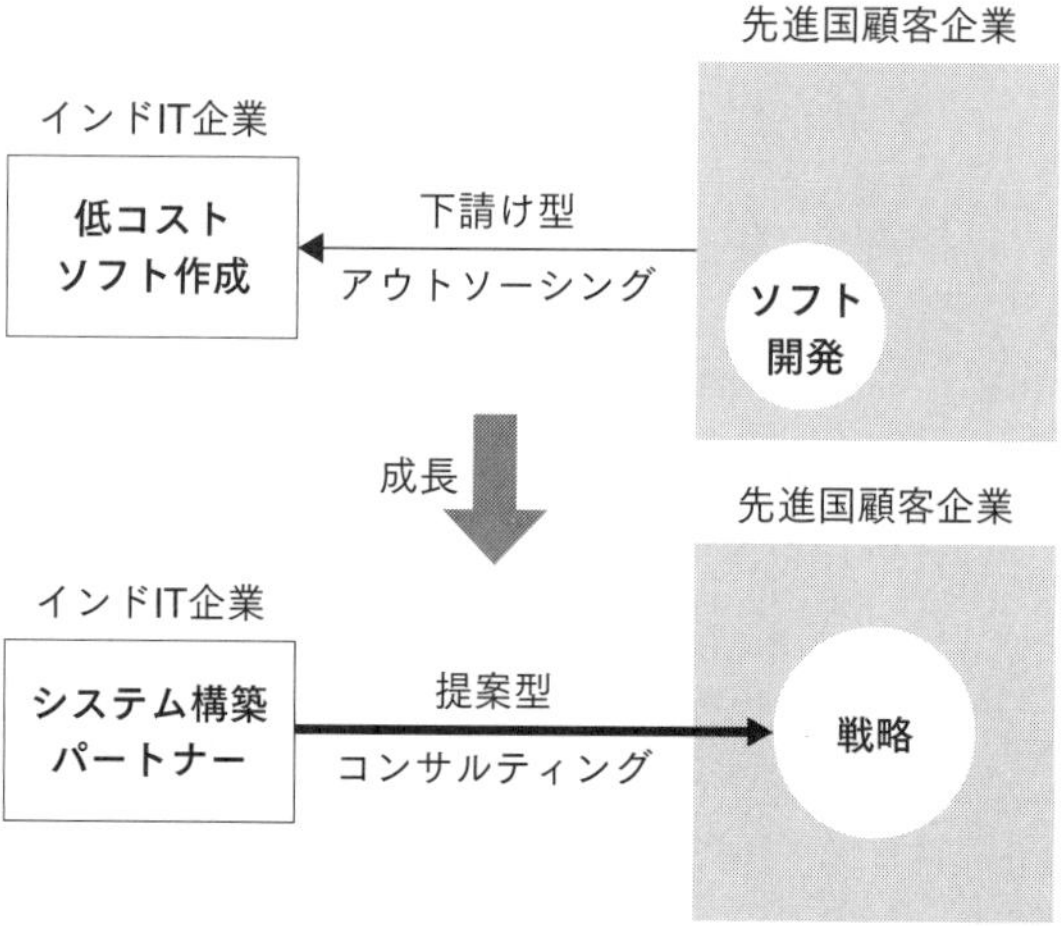

善するコンサルティング企業、あるいはシステムソリューション企業の性格が強くなっていった。ITを専門としない企業がコンピュータ－のシステムやネットワークを構築しようとしても自社では技術を完結できず、インドのIT企業の力を借りなければならなくなっている。

インフォシスは2020年12月、メルセデス・ベンツなどのブランドを持つドイツの大手自動車メーカー、ダイムラーのIT環境の改革を実現するために戦略的なパートナーシップを締結した。ダイムラーは複数のクラウドを使っていつでもどこからでもデータや情報をやりとりできるようにITインフラを変革するという。世界各地のダイムラーのIT技術者がインフォシスに移動し、技術を磨いている。

先進国企業とIT産業で並ぶ

ダイムラーはIT分野のパートナーにインドのインフォシスを選んだが、同じドイツの自動車メーカーのBMWグループは2020年12月に米アマゾン・ウェブ・サービス（AWS）と提携した。やはりクラウドでデータをやりとりし、開発や販売に役立てる戦略だ。ダイムラーのIT技術者はインフォシスでIT技術の研鑽を積むが、BMWもAWSの技術でIT技術者がトレーニングを受けられるようにする。新興国のIT企業と米国の代表的なIT企業グループが自動車メーカーのクラウド利用の促進で同じ役割を果たしているのだ。技術水準では両社に大きな差がなくなったといえる。

ITソフトのビジネスが伝統的な製造業と決定的に異なる点がある。モノを動かす必要はなく、情報を移動させれば済む点だ。巨額の設備投資も要らない。ハードウェアを製造するには金属、化学、機械などの基礎産業が整備されていなければならないが、ITはパソコンとネットがあれば地球上のどこからでも参入できる。インフォシスもわずか250ドルで創業した。金属、化学、機械などの産業が未成熟の段階でも、ITビジネスならばゼロからでもスタートできるのだ。

フラット化した世界では、「用意ドン」の号砲とともに先進国、新興国の分け隔てなくＩＴビジネスがスタートする。それまでの産業のように時間をおいて先進国から新興国にビジネスが波及するわけではなくなった。米国で流行した新技術、ビジネスモデルはインドでも中国でも時間をおかずに流行する。ＩＴは変化が凄まじく速く、先進技術がすぐに陳腐化する。先進国企業だからといって既存のＩＴに安住はできない。

ＩＴに関する限り、先進国企業、高開発新興国企業（＝中所得国企業）、低開発新興国企業と順番にビジネスが発展する雁行理論は成り立ちにくくなった。そうなると、普及の時間差を前提とするタイムマシン経営もＩＴ産業では難しくなりつつある。フラット化した地球ではＩＴ企業が短時間で実力をつけ、先進国企業と同等に競える。いや、それどころか新技術を使って先進国企業を一気に飛び越える新興国企業が現れた。

2 モバイル決済＝アリペイ（アントグループ＝螞蟻集団、中国）

中国の電子決済サービスのアリペイは２０１４年12月に「花唄」（ファーベイ、お金を使っちゃおうよの意味）と名づけた分割払いの仕組みを導入した。アリペイを使って商品を購入し、使った金額を１年内に数回に分けてアリペイに返す。最初の返還日までに全額を返せば無利子となる。翌月の2015年1月、アリペイはインターネットで情報を集めて個人の信用調査をする「芝麻信用」のサービスを始めた。芝麻信用の信用度の点数に応じて花唄で使える金額が決まる。この仕組みは若者から支持され、ネット消費やモバイル決済の普及を後押しした。ほぼ同時にアリペイは「借唄」（ジエベイ、借りちゃおうよ）と呼ばれる無担保ローンも提供し始めた。

アリペイは中国の電子商取引大手アリババグループ（阿里巴巴集団）が提供する電子決済サービスだ。運用しているのは金融子会社のアントグループ。銀行振込や口座引き落とし、クレジットカードなどを使わずに決済ができる。パソコンで始まったアリペイによる決済はスマートフォンに援用され、モバイル決済（スマホ決済）へと発展した。どこの店舗で買い物をしてもスマホを使って支払いができるほか、アリペイには「花唄」、「借唄」といったクレジットカードの分割払いやカードローンと同じ機能もついている。中国の人々はスマホさえあれば現金やカードを入れた財布を持ち歩く必要がなくなった。

キャッシュレス経済の扉を開く

アリペイの月間アクティブユーザー（月に1回以上利用した人）数は2020年6月末の段

階で7億1100万人となった。アリペイの2019年7月—2020年6月の取引金額は118兆元（約2000兆円）にのぼり、第三者決済（第三者の仲介による決済）のシェアは約5割となった。ライバルのIT大手、騰訊科技（テンセント）のウィーチャットペイもモバイル決済でアリペイを猛追しており、二つのモバイル決済の利用が増えるにつれて中国の人々は現金を使わなくなった。マーケティング会社Ipsosの調査（2019年7—9月）によると、中国の家計支出に占めるモバイル決済の割合は49%、各種カードが23%、現金は14%にとどまった。

中国はスマホなどのモバイル端末の利用で日米欧に先駆けて現金を使わないキャッシュレス社会の扉を開いた。日本の経済産業省の資料によると、決済に占めるキャッシュレス決済の比率（2016年）は、ドイツが15・6%、日本が19・9%、フランスが40・7%、米国が46・0%であるのに対し、中国は65・8%に達した。1位は韓国で96・4%だ。韓国の場合はモバイル決済ではなく、クレジットカードの普及でキャッシュレスを実現した。日本はその後、キャッシュレス決済の普及に取り組み、2021年段階ではようやく40%強に上昇している。

モバイル決済は単なる消費の道具ではない。アリババはモバイル決済で集めた消費情報をビッグデータとして活用し、人工知能（AI）の実用化にも乗り出した。個人の信用をスコア化し、与信枠を設定する芝麻信用はその一つだ。AIを使った仕入れ、物流管理、無人配送を

図７−２　アリペイの仕組み

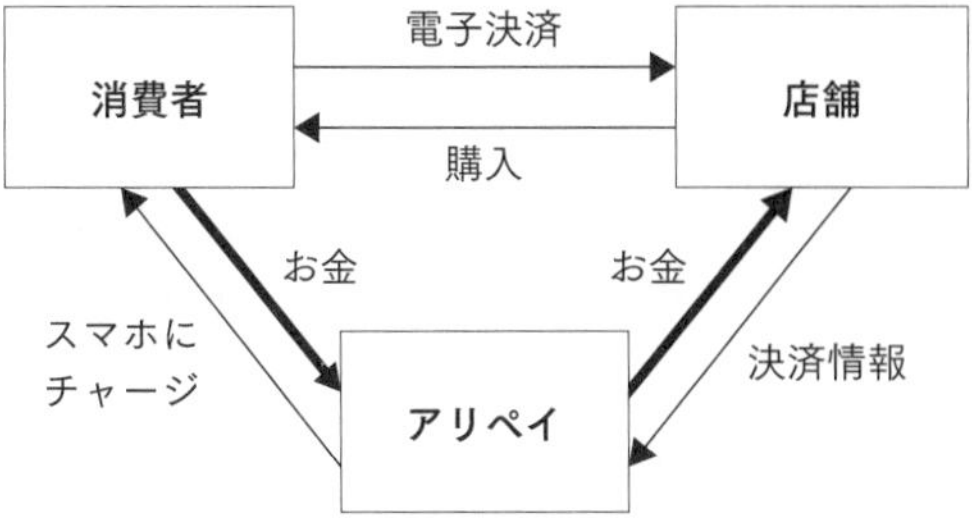

次々に導入し、無人コンビニや自動運転にも事業の手を広げた。小売りの現場だけでなく、物流、金融などの生産性向上につながり、中国の経済成長率を引き上げてきた。アリババやテンセントは日欧のＩＴ企業を飛び越え、アマゾンやグーグルなど米国企業と肩を並べる。まさにリープフロッグを体現する企業だ。

気をつけたいのは、アリペイの成功が単なるＩＴ産業の勃興という幸運に恵まれただけだと決めつけることだ。成功の裏には独自のイノベーションがあった。もともとアリババは、売り手企業と買い手企業をつなぐ商品情報サイトとして１９９９年に誕生した。Ｂ２Ｂと呼ばれる企業間のビジネスだ。アリババが提供する情報を見て気に入った商品があれば売り手と買い手の企業が実際に会って購入し、代金も現金で決済していた。企業間の取引であるため、銀行振込も利用できた。

やがてアリババは、企業と消費者（Ｂ２Ｃ）、あるいは消費者と消費者（Ｃ２Ｃ）の売買をネットでつなぐビジネスに進出した。このときに大きな壁として立ちはだかったのが決済だった。2000年代前半の段階では中国の消費者でクレジットカードやデビットカードを所持している人々は多くなかったからだ。先進国なら多くの消費者がネットでの購入をカードで決済できるが、当時の中国では難しかった。銀行口座への振込という方法はあったが、小口の消費財の決済では割りが合わなかった。小額にもかかわらず毎回、送金手数料がかかるからだ。

まだネット売買のモラルが確立しておらず、たくさんの偽物や不良品がネットで流通していた。消費者にすればお金を支払ったのはよいが、偽物や不良品をつかまされてはたまらない。だからといって、売り手の側も商品を入金より先に買い手に発送をする気にはなれなかった。本当にお金が支払われるかどうかがわからないからだ。このときアリババが考え出したのが代理決済だった。

アリババのサイトで買い手が商品を購入する場合は、最初に買い手がアリババの口座にお金を振り込まねばならない仕組みにした。アリババは入金の確認を売り手側に通知し、通知を受けた売り手側は商品を発送する。買い手側が商品を受け取り、商品に瑕疵がなければアリババに連絡する。アリババはそこで初めて売り手側の口座にお金を振り込む。これがアリペイの仕組みのもとになった。

買い手は小さな決済ごとに毎回、アリババの口座に資金を振り込むのは面倒だった。やがて買い手は資金をアリババの口座にとどめるようになった。そうすれば買い手はアリババに預けたお金の分だけネットでの買い物ができるのだ。日本の交通系プリペイドカードなどと発想は一緒であり、現金を電子情報の価値（電子マネー）に変える試みだ。アリババはこの仕組みを整え、自社サイト以外の決済にも使えるようにしていった。

この仕組みをスマホに応用したのがモバイル決済だ。あらかじめアリババ（アリペイ）にお金をプール（チャージ）し、パソコンの代わりにスマホで支払いの指示を出す。パソコンと異なり、スマホは持ち運びが簡単にできる。ネット上の買い物だけでなく、現実のお店の支払いも可能だ。いちいち支払い先の情報を打ち込まなくともQRコードを読み込めば決済できるようにもした。小さなお店にとってもスマホ決済はありがたかった。カードの導入には読み取り機などの設備投資が必要となるが、スマホ決済ではQRコードを掲げているだけでよかった。毎日の売り上げ状況デジタルで記録でき、現金を保管するリスクもなくなった。

中国式イノベーション

アリペイの仕組みは国外で考案された技術を応用したもので誰でも実現可能だったといわれるが、それは言い過ぎだろう。実は2000年代前半に米国のオークションサイトのeBayが中国に進出したが、成功できなかった。米国流のカード決済にこだわり、アリペイのような仕組みの構築が遅れた。アリババが電子商取引で成功できたのは中国の実情を知っていたからだ。米国の技術やビジネスモデルをそのまま中国に移植しようとしても社会の構造が異なるためうまくいかない。中国社会に合わせたちょっとした工夫が必要だった。

日本企業も、米国の技術やビジネスを日本に持ち込む際にちょっとした工夫を施した。トヨタ自動車は在庫管理の重要性を米国から学んだが、そこにカンバン方式という工夫を加えた。後にジャスト・イン・タイムと呼ばれる無在庫の効率的な経営手法として確立し、日本の自動車産業の興隆を支えた。セブン-イレブン・ジャパンが持ち込んだPOS（販売時点管理）も日本で大きく発展した。POSは単なる在庫管理の道具だったが、セブン-イレブンはこれを商品づくりに利用した。何がどこでいつ販売されたかのデータを駆使し、新商品の開発や協力工場の生産管理に応用していった。

こうした応用も立派なイノベーションとして数えられる。イノベーションは新たな商品開発につながる科学技術にばかり注目が集まるが、生産工程や流通過程を変革する技術の導入も含まれる。さらに新たな顧客やニーズを掘り起こす手法の開拓もイノベーションの一つと定義される。一見、幸運に恵まれたように見えるアリババとアリペイの成功だが、そこには中国社会にネット販売を根づかせるために考案された数々の小さな工夫があった。アリババのリープフロッグの裏には中国式イノベーションがあった。

振り返れば日本も、米国で開発された新技術を日本に適合させるイノベーションで米国企業に追いつき、追い越した。当時の新興国の日本が先進国の米国を一気に追い越したリープフロッグだった。一口にリープフロッグといわれるが、単に幸運に恵まれただけで出現するものではない。その背後には何らかのイノベーションが控えている。アリババが起こしたイノベーションに気がつかず、それを幸運と片づけてしまっては、次に起こるリープフロッグも予想できず、これからもアジア企業に追い越されていくだろう。

3　メッセンジャーアプリ＝ネイバー（LINEの開発を主導、韓国）

韓国IT企業大手のネイバーの関連会社、NHN JAPANは2011年6月23日にメッセンジャーアプリのLINEをリリースした。4月末の開発開始から2ヵ月だった。同年3月11日に起きた東日本大震災で携帯電話による通話ができなくなり、短いメッセージを相手に送るソーシャルメディアの重要性が認識された。LINEはリリースから1年3ヵ月で7000万人のユーザーを獲得した。

メッセンジャーアプリの説明は要らないかもしれない。スマホなどのモバイル端末にインストールすれば、お金をかけずにリアルタイムでテキストの送受信ができ、音声通話も可能となるアプリケーション（特定分野のソフトウェア）だ。チャットアプリ、トークアプリとも呼ばれている。英語圏ではWhatsApp、中国ではウィーチャット（微信）がそれぞれ20億人、12億人以上のユーザーを抱える。LINEは日本に8800万人（2021年）のユーザーがおり、タイや台湾を合わせ約2億人が使っている。

韓国資本が開発したLINE

LINEは日本国民にとって欠かせないソーシャルメディアだが、たびたび議論になってきたのが親会社だった韓国ネイバーの存在だ。LINEの情報が韓国、あるいは別の国に漏れているのではないかという疑念だ。日本側ではLINEは韓国資本の支援を受けて日本人が開発したと主張しているが、韓国側ではLINEがネイバーの傘下にあり、基本的な仕組みは韓国から日本に移植されたという見方をしている。LINEは韓国にあるサーバーも利用していた。機密保持の観点から日本政府ではLINEを使わない省庁もある。LINEは2021年にヤフージャパンを運営するソフトバンク系のZホールディングスと経営統合した。ネイバーとソフトバンクが手を結び、日韓にまたがる巨大ネットサービス企業となった。

慎武宏氏と河鐘基氏の『ヤバいLINE 日本人が知らない不都合な真実』（光文社、

図7-3　繰り返されるリープフロッグ

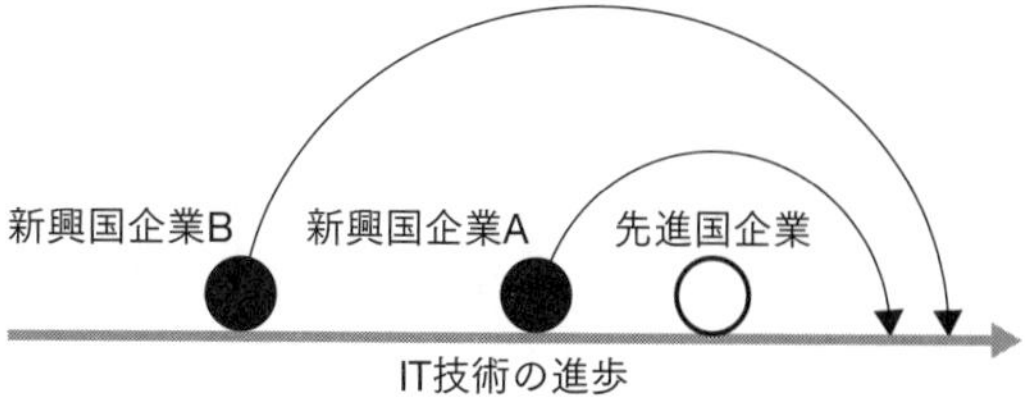

２０１５年）では、ネイバー会長だった李海珍（イ・ヘジン）氏が２０１１年3月11日の東日本大震災時に日本に滞在していたが、安否確認ができなったことをきっかけにＬＩＮＥが開発されたと記されている。イ会長は既存の通信手段以外のメッセンジャーツールが必要だと考えたと語る元ネイバー幹部の証言が紹介されている。ＬＩＮＥ開発の細かな情報は公開されていないため、外部から実情はうかがい知れないが、韓国本社の支援はなにがしかの形であったのだろう。

むしろ問題は、２０１１年までの段階で日本のＩＴ（情報技術）大手企業がメッセンジャーアプリのサービスを始めなかったことだ。アプリやプラットフォームはいったん普及してしまえば巻き返しは困難を極める。韓国では前年の２０１０年3月にメッセンジャーアプリのカカオトークがリリースされていた。同年の10月には日本語版が誕生した。韓国のライバルのカカオトークの成功に刺激され、ネイバーは日本で似たようなサービスの展開を急いだのかもしれない。

長らく日本のネットビジネスは米国に次ぐものとの認識があった。ネットビジネスは米国↓日本↓韓国・台湾↓中国↓その他のアジアの順で波及すると理解されていた。この常識はメッセンジャーアプリではくつがえされた。カカオトークに続いて2011年1月には中国でウィーチャットがリリースされた。メッセンジャーアプリの分野は明らかに、米国↓韓国↓中国↓日本↓その他のアジアで進んでしまった。ここでもリープフロッグが起こっていたのだ。世界中で激しいシェア争いをしているITサービス分野で1年、半年の遅れは致命的だ。

ネイバーは、サムスングループ出身のIT技術者、イ・ヘジン氏が社内ベンチャーを経て1999年に創業した。ネイバーはネット検索、ブログ、掲示板などのサービスで韓国での足場を固めたが、この時点では日本のITビジネスが韓国に遅れていたわけではなかった。検索サービスはヤフージャパンが1990年代後半に登場し、掲示板は旧「2ちゃんねる」が1999年から始まっていた。ネイバーは日本法人を作り、様々なITサービスで日本市場を攻略しようとしたが、うまくいかなかった。日本にすでに類似のサービスがあったからだ。

日本はスマホへの切り替えで出遅れ

しかし、スマホの普及が構造を変えた。アップルの最初のiPhoneが発売されたのが2007年。米国の調査会社ストラテジー・アナリティクスによれば、2007年の韓国のスマホ普及率は0・7%にすぎなかったが、2010年に14・0%に上昇し、2011年には38・3%に達した。2010年はカカオトークがリリースされた年であり、新たなモバイル端末に即したメッセンジャーアプリが必要とされていた時期だ。

一方、日本は、2010年7月に4・8%だったスマホの所有率は2011年7月時点で12・4%にとどまった（NTTナビスペースの調査）。スマホ普及のスタートダッシュの波に乗れず、日本はスマホ用のメッセンジャーアプリに出遅れた。2010年代後半になっても様々な調査で日本のスマホ普及率は6割台にとどまったが、韓国は95%と世界トップ水準に達した。中国でも都市部はスマホの普及率が2013年段階で5割近くになっていた。高齢者比率の高い日本はスマホのような新しい機器の普及では不利という面もあった。

しかし、日本の総務省が調査した世代別のスマホ保有率を見ると、2013年の段階で30代でも7割強にとどまった。若い世代でもスマホへの切り替えが遅れていたのだ。中国からは動画アプリのTikTokのように、スマホ向けのアプリが続々登場し、この分野でも日本は遅れた。パソコン向けの動画アプリがまだ主流だったからだ。スマホ普及の遅れが韓国や中国による「日本飛び越え」を許してしまった原因なのだろう。

では、なぜ日本のスマホへの切り替えが遅れたのか。日本は2000年代に世界に先駆けて3G（第3世代移動通信システム）を全国に普及させた。携帯電話からネットへの接続もでき、NTTドコモはiモードのサービスを開始した。普通のフィーチャーフォンでショートメールや写真を送ることも可能だった。絵文字も登場した。携帯という漢字語よりも「ケータイ」というカタカナがよく使われた時代だ。むしろ日本の携帯ビジネスは世界の先端を走っており、欧州やインドにiモードを売り込んでいたほどだ。

筆者は初代iPhoneが登場した2007年に、大学生が「スマホは要りません」と話していたのを覚えている。大学生は自分のケータイですでにマンガをダウンロードして読んでいた。スマホに切り替えなくともかなりのことができていたのだ。日本の消費者は切り替えになかなか動かなかった。NTTドコモはスマホの販売に当初は積極的ではなかったし、他社もまた学生でも買いやすい格安スマホの販売が遅れた。すでに普及した旧技術が新技術の普及を阻害する典型的なイノベーションのジレンマが起きてしまった。

これに対して中国では携帯電話もパソコンも十分に普及しておらず、1台目の情報端末がスマホになった消費者が多かった。スマホの普及をさえぎる旧技術は何もなかった。格安スマホで爆発的に普及が進み、世界的なスマホメーカーも登場した。結局、日本からは世界的なスマホメーカーも生まれず、スマホ用のアプリでも中国の後塵を拝するようになった。日本企業は2010年前後にスマホ普及に向けた本格的なマーケティングに取り組むべきだったのだろうが、東日本大震災などの不幸が重なり、時を逸してしまった。企業も社会も強い技術を持てば

図7-4　発展パターンの変化

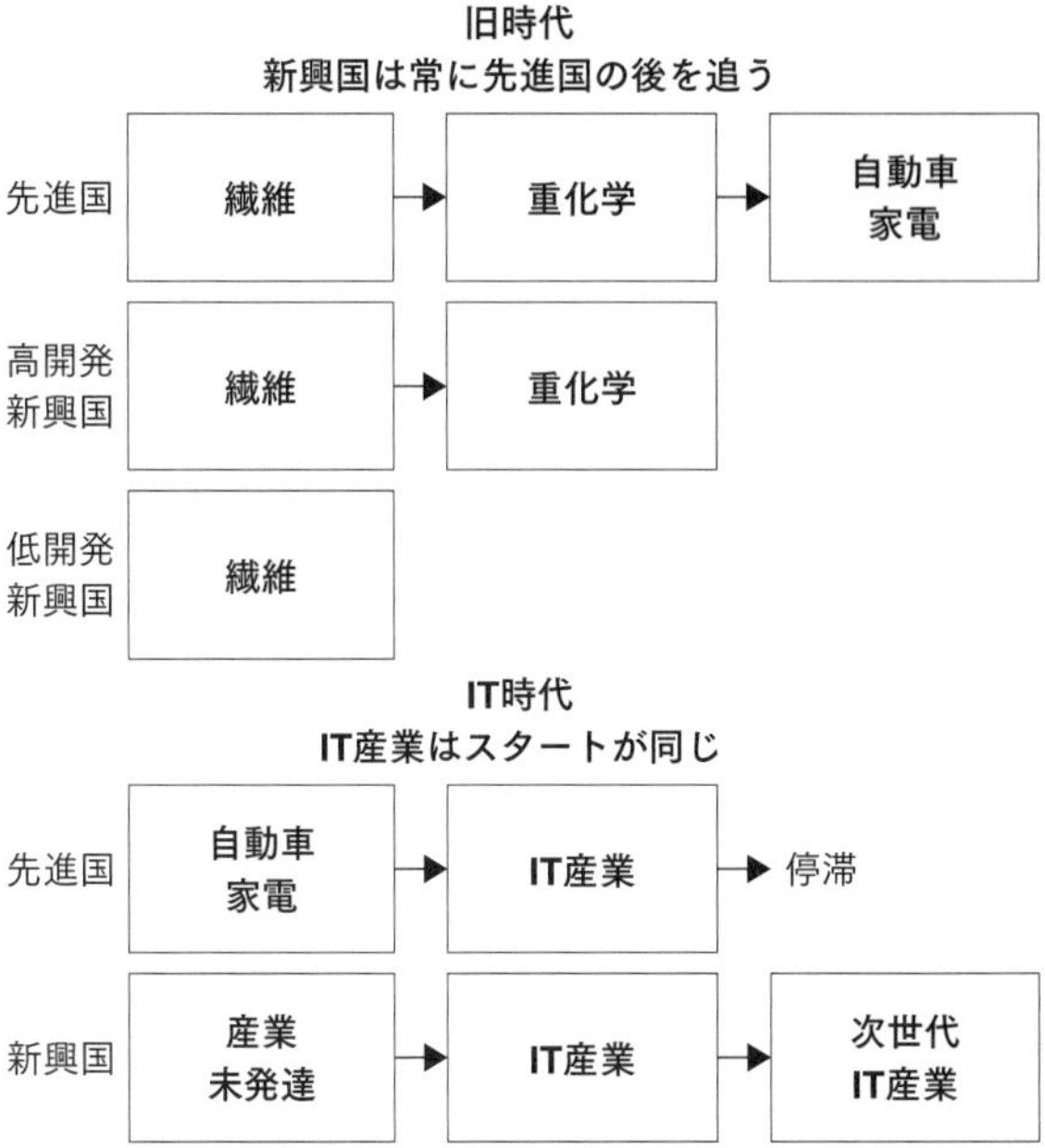

持つほど変化に弱くなる。

技術に遅れる新興国のほうが新技術の導入では有利になるというパラドックスは先に見たモバイル決済でも明らかだ。日本は１９９０年代末からコンビニにＡＴＭ（現金自動預払機）が設置され、どこでも現金が引き出せる社会になった。このため２０００年代に入るとクレジットカードなどの普及では韓国に後れをとった。その韓国はクレジットカードが普及していたため、モバイル決済では中国に大きく遅れてしまった。

自動車産業でも日本は早くか

らハイブリッド車で先行したため、電気自動車（ＥＶ）の市場投入が遅れた。中国をはじめとする新興国はＥＶでもリープフロッグが起きることを狙っており、ＥＶの普及促進のためにガソリン車への規制も導入されている。スマホと同じでいったん普及が進み、各種規格ができあがると後から追いかけるのは難しくなる。日本の消費者のＥＶへの関心は低いままだが、スマホの失敗を繰り返したくはない。

第8章

ウイナー・テイクス・オール

——独占こそ競争力の源泉

成長モデルとして独占・寡占企業が改めて注目されている。米国ではIT（情報技術）分野の巨大企業が産業の隅々まで支配する構造も生まれている。独占か非独占か、試行錯誤を繰り返すアジア企業を見ていきたい。

1 独占企業＝現代自動車グループ（韓国）

韓国の現代自動車の2020年の国内販売台数は前年比6・2％増の78万7854台だった。傘下の起亜自動車の販売台数も6・2％増の55万2400台。輸入車を含めた国内シェアは現代（4割）と起亜（3割）の両ブランドを合わせると7割だった。2020年は新型コロナウイルスの流行により世界中で自動車販売が振るわず、現代自動車グループの世界販売台数は前年比12％減の635万台にとどまった。輸出や国外生産が落ち込むなかでも、現代自動車と起亜自動車は国内の圧倒的なシェアに支えられ、純利益はそれぞれ2兆1178億ウォン（約2000億円）、1兆5027億ウォンを確保した。

産業の育成には独占・寡占企業を容認するほうが有利だという見方は昔からある。自由競争に任せてしまうと過当競争が起こり、成長へと資金が回らない恐れがあるためだ。新興国では企業を一つにまとめ、先進国の巨大企業に対抗していかねばならないと考える傾向がある。大きくなればスケールメリットが生じ、シェアや価格面で先進国企業との戦いを有利に進めることもできる。グローバル化した経済社会では巨大企業が世界規模で熾烈な競争を繰り広げており、競争を回避する独占、寡占の弊害が起こりにくくなっているともいわれる。

アジア通貨危機で韓国企業の集約が進む

アジアの企業集約の成功例として注目されてきたのが韓国の現代自動車グループだ。現代財閥の自動車部門として1967年に創業。フォード車のノックダウン生産からスタートし、三菱自動車工業の協力を受け、1975年に初の国産車「ポニー」の生産を始めた。経営危機に陥った起亜自動車を1998年に傘下に収め、現代自動車グループとなった。現代と起亜の双方のブランドを合わせると、当時でも韓国内のシェアは6割以上に達した。独占禁止法に抵触するM&A（企業の合併・買収）とも見られたが、「国際競争力強化のための企業結合」を認める条項を使って認可された。

1990年代に自動車業界では「400万台クラブ」という言葉が流行した。自動車の部品や車台（プラットフォーム、シャーシ）をできるだけ共通化し、製品開発にかかるコストを削

図8-1　独占企業の育成

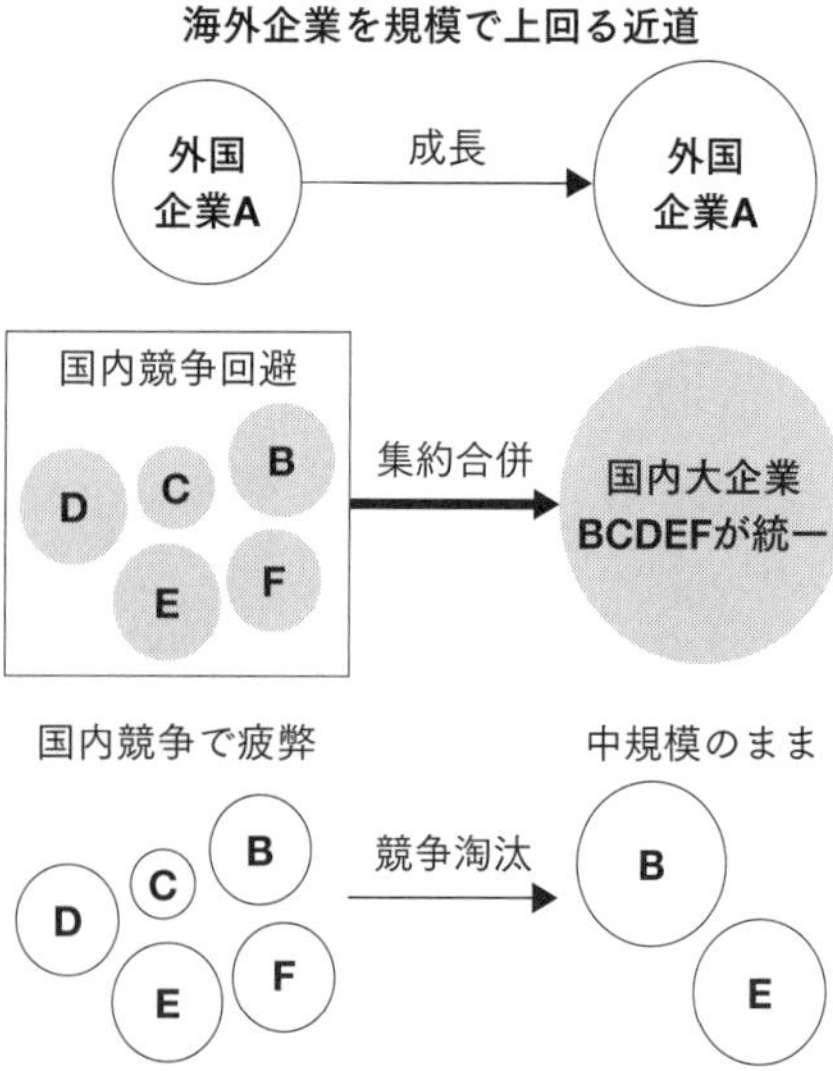

減しようという考えだ。そのためには自社、あるいは同じグループ内で最低でも400万台生産しなければならないと唱えられた。規模が大きくなれば部品の調達でも販売面戦略でも有利となる。欧米の自動車メーカーがM&Aを繰り返し、規模を大きくしていた時期だ。

だが、現代自動車は1998年でも販売台数は85万台にすぎなかった。自らが主体となって海外メーカーを買収できる規模ではない。世界的に見れば弱小メーカーだった現代が大きくなる道は、国内の自分より小さなメーカーを合併するほかなかった。老舗の起亜自動車がアジア通貨危機で1997年に破綻したことは現代にとってチャンスだった。現代と起亜は生産基盤を統一し、部品の共通化も実現した。生産性を高めた現代自動車グループは輸出攻勢に打って出た。

起亜自動車を事実上、合併した現代自動車グループは、2006年に販売台数が401万台と400万台クラブ入りをした。2020年の現代自動車グループの販売台数は635万台で世界6位につけている。100万台以下の生産台数しかなかった新興国の弱小メーカーがわずか十数年でトップ5を争うようになった。韓国内の自動車市場は190万台程度にとどまっており、小さな国内市場で複数メーカーが競い合って互いに疲弊するよりも、大きな海外市場の獲得に経営資源を集中するほうが成長は速くなる。企業集約＝独占容認の効果だった。

国内で稼ぎ、国外でシェア伸ばす

もちろん、現代自動車グループの独占に対する韓国内での不満はある。「独占をよいことに国内の販売価格を引き上げて利益を確保し、その資金で海外シェアを伸ばしているのではないか」という疑念だ。現代自動車はかつて地域別の利益を開示しており、2010年通年の数字を見ると、連結売上高は112兆5896億ウォンで、そのうち国内での売上高が55兆5467億ウォンとほぼ半分だ。営業利益は9兆1177億ウォンで、そのうち国内が6兆7696億ウォンと74・2%を占める。利益の7割以上を国内から稼ぎ出していた。

国内と国外の生産比率も見てみよう。この年に現代単体では全世界で361万2500台を生産しており、そのうち国内生産は173万7700台（47・9％）で海外生産が国内生産を上回った。国内生産の173万台のうち65万7900台が国内で販売され、残りの107万2800台は輸出に回った。起亜は全世界生産が212万9900台、そのうち国内生産が140万3000台、国内販売は48万3400台だった。量的に多いはずの海外販売ではそれほどもうけておらず、国内からの輸出と国内販売で利益の大半を上げている構図が浮かび上がる。

ここから導き出されることが二つある。一つ目は、現代と起亜の生産体制の結合で車台の統一や部品の共通化が実現し、他社よりも低いコストで自動車を国内生産できるようになったことだ。これにより、高い利益率を国内で確保できるようになった。二つ目は、国内の独占状態を背景に国内販売価格を高く設定している疑惑が深まったことだ。2008年に現代自動車の高級車ジェネシス（排気量3800cc級）の米国での販売価格が3万2000ドル（当時のレートで約3100万ウォン）水準で策定されたが、韓国で販売される同じモデルの価格は5280万ウォンだったと報道されたことがある（『東亜日報』、2008年4月4日）。

国内価格が異常に高いのは、ライバルとなる車種が少なく、現代自動車グループが韓国市場の支配力を握っているからだと見られた。ジェネシスのような極端なケースはまれかもしれないが、現代自動車が系列のディーラーに値崩れを起こさないよう働きかけたことはあったようだ。事実上の合併によって現代自動車と起亜自動車を合わせた国内シェアは6割から7割超へとさらなる独占への道を歩んだ。国内で利益を確保し、その資金を使って海外でシェアを伸ばす戦略が可能になったのだ。

事例で見たように、2020年は新型コロナウイルスの世界的な流行によって現代自動車グループは販売台数を1割以上も減らしたが、独占状態の韓国市場の販売増加に支えられ、利益を確保できた。アジア通貨危機後に韓国は自動車業界だけでなく、家電・電機業界もサムスングループとLGグループへの企業集約が進み、規模を生かした海外市場の攻略へとつながった。

企業集約をためらった日本

日本は独占が進むと自由競争が阻害され、企業の活力が失われるという考えが強く、企業集約をためらってきた。米国は建国以来、自由競争を信奉してきたが、19世紀後半にロックフェラー家が石油事業の支配に乗り出すなど、巨大資本による産業支配が社会問題となった。1890年にシャーマン反トラスト法が制定され、企業の独占・寡占の動きにブレーキをかけ始めた。戦後、米国の影響を受けた日本は三井、三菱、住友などの財閥を解体し、一社や一財閥に産業を支配させないようにした。シェアが50％を超える合併はありえないと考えられた。トヨタ自動車は反独占の流れを受け、トラックの日野自動車、軽自動車のダイハツ工業を吸収合併せず、グループ会社としてゆるやかな結合にとどめた。

結果として自動車も、家電・電機も、大手10社前後が狭い国内市場で競う構造となった。自動車では国内競争で疲弊した三菱自動車工業、日産自動車などがバブル経済崩壊後に経営危機に陥った。パソコンも2000年にはNECが世界シェアの上位に顔を出していたが、その後は熾烈な競争で共倒れとなり、2020年の段階では日本のパソコンメーカーは世界トップ5に入っていない。テレビも世界市場ではソニーがなんとか生き残った程度だ。

反独占の急先鋒だった米国も1990年代からは巨大企業を容認する姿勢に傾いた。国際競争力を維持するうえで企業規模が物を言う時代になったからだ。GAFAと呼ばれるグーグル(Google)、アップル(Apple)、フェイスブック(Facebook)、アマゾン(Amazon)がIT業界を牛耳るようになり、こうした巨大企業の分割論や規制論がたびたび出てくるが、企業・産業競争力維持の観点から米国政府も踏み込めないでいる。

アジア企業の台頭を目の当たりにした日本は2010年代になって企業集約を推進し、金融、鉄鋼、自動車、家電・電機などで再編が繰り返された。鉄鋼業界では日本製鉄とJFEスチールを合わせた粗鋼の国内生産シェアが合わせて65%程度ととなり、寡占状態になっている。もっとも、日本の企業集約は単独で生きていけなくなってから政府主導で実現される例が多く、必ずしも結果はかんばしくない。半導体メモリー、ディスプレイなどの集約企業は統合後に経営難に見舞われた。

2　分割再集約＝中国中車（中国）

中国の二大鉄道車両メーカーである中国南車集団と中国北車集団は2015年に合併し、中国中車集団が成立した。2014年当時、南車と北車はともに売上高が日本円で1兆5000億円を上回っており、合併によって4兆円規模の車両メーカーとなった。売上高が1兆円ほどのカナダのボンバルディアや独シーメンスを大幅に上回る。国内シェアは8割を超え、世界シェアは2－3割となる。南車と北車は海外事業の入札で競い合うことが多く、利益を圧迫していた。中国政府が主導し、南北の合併が実現した。

競争力のなくなった企業がいくつ集まっても効果は望めない。企業に体力が残っている早期の段階で政府が介入し、企業を集約すべきだという考え方もある。企業間ではまとまらない合併案件でも政府が強力に主導すれば実現は不可能ではない。企業の数が減れば生産調整や事業転換も容易に政府から指図できる。政府主導のカルテルともいえ、一歩間違えば消費者が不利益をこうむることになる。政府の力の強いアジアの中でも特に中国ではこうした考えに支持が集まりやすい。

国有企業分割の失敗

事例にある南車、北車はもとをたどれば政府鉄道部門の工場だった。計画経済体制下で肥大化した政府管轄の生産部門はどこも品質低迷と非効率な運営に苦しんでいた。1980年代に世界では民間活力で経済をよみがえらせるサッチャリズムがもてはやされ、政府事業や政府機関の民営企業化がブームとなっていた。同じ頃に中国は政府機関や国営事業を企業化する経済改革に着手した。企業化の際に政府機関を複数企業に分割し、競争を促進しようとした。

こうした流れの中で旧鉄道省に属した工場も1980年代に中国鉄路機車車両工業総公司という企業に変わり、さらにそこから分かれて2000年代に南車と北車が成立した。中国国内では主に南車は南部を、北車は北部をそれぞれ基盤として棲み分けをしていた。ところが、海外への車両売り込みでは両社は真っ向からぶつかった。アルゼンチンへの車両入札では北車が一両当たり239万米ドルで応じた案件に対し、後から南車が127万米ドルで対抗し、安値競争となった。

南と北とで経営資源をつぶし合うことになればドイツや日本など先進国企業との技術競争で不利になりかねない。世界に高速鉄道を売り込むうえでも両社の経営基盤を安定させなければ

図8-2　独占企業の分割と再集約

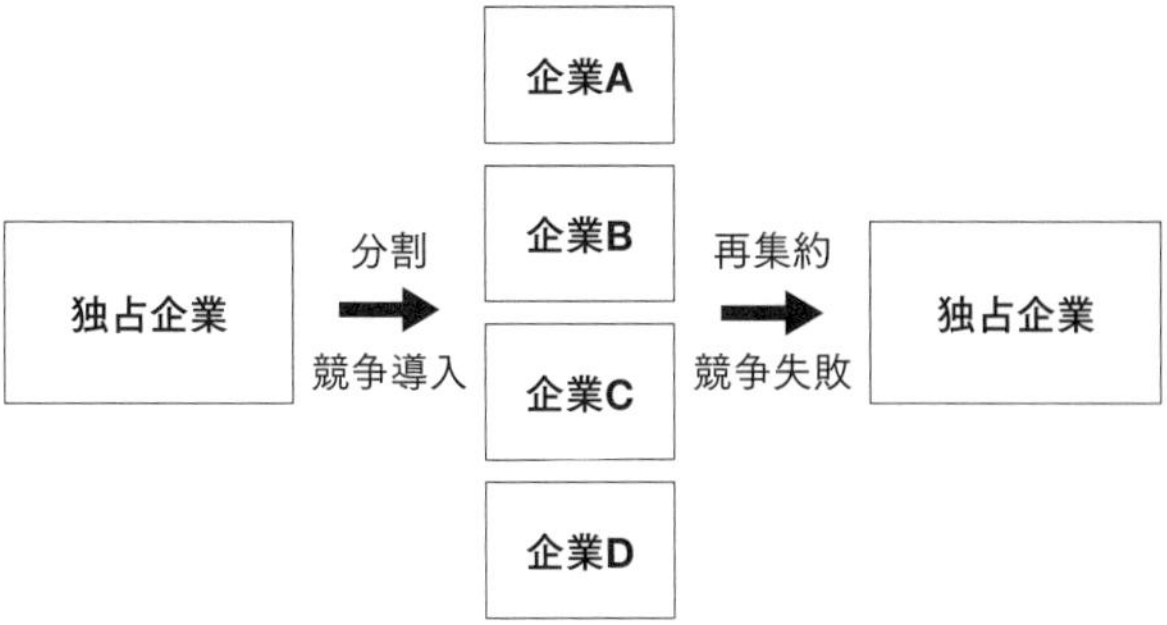

ならないと中国政府も考えた。北と南の合併が決まり、中国の鉄道車両は国有企業1社による独占体制に戻った。分割企業化の失敗でもあった。

中国の分割企業化はうまく機能していないケースも多い。航空旅客分野ではかつて民用航空総局の航空事業が企業化され、国際航空、北方航空、東方航空、南方航空、西南航空、西北航空など六つの航空会社に分かれた。しかしいずれも経営状況はかんばしくなく、やがて北方と南方、西北と東方、西南と国際が再びくっつくことになった。大きく3社になっても経営は改善せず、各社は2000年代後半に相次いで中国政府による資本の注入を受けた。

通信企業もかつては通信をつかさどる役所だった。1990年代末から中国電信、中国移動通信、中国網絡通信の3社に分割された。世の中は携帯電話時代を迎えており、もとから移動通信を扱っていた中国移動が一人勝ちの様相を示している。中国の携帯通信のシェア調査では中国移動がおおむね6－7割のシェアを獲得している。競争は進まず、中国の携帯利用者からは「通信料金が高すぎる」という不満が強かった。結局、2010年代後半に中国政府が主導して料金を下げさせた。

鉄道車両では複数企業に分割して競争原理を導入したものの、過当競争が起きてしまった。航空旅客では経済格差を考慮せずに地域ごとに細かく分割しすぎ、各社の体力を割いてしまった。通信では分割したままではよかったのだが、事実上一社独占を許し、料金の高止まりをもたらした。政府が主導する企業再編は机上で考えた理想通りには進まない。

国進民退

中国政府の企業集約は供給過剰の解消を目的とすることも多い。特に鉄鋼、セメント、ガラスなどの素材産業は大小のメーカーが入り乱れ、供給過剰が常態化してきた。供給過剰による価格低下で設備投資資金が回収できなくなり、やがては企業破綻にも陥る。資金、資源、雇用の面から見ても供給過剰は経済を傷める。個別の企業や地方政府は自らの利益があり、規模縮小には動かない。そこで、中央政府が強力な権限を使って企業を合併させ、過剰生産や過剰投資にストップをかけるほかなかったともいえる。

鉄鋼では上海が拠点の宝鋼集団が2016年に湖北省の武漢鋼鉄と合併し、中国宝武鋼鉄集

表8-1　中国国内での主な事業の企業シェア

Eコマース	アリババ	約6割
モバイル決済	アリペイ	55%
モバイルゲーム	テンセント	45%
移動通信	中国移動	約6割
ガソリンスタンド	中国石化	約3割
	中国石油	約2割

［出所］中国メディアから整理

団となった。その後も安徽省の馬鋼集団を統合するなど、2020年には粗鋼生産量は1億1500万トンに達した。欧州アルセロール・ミタルの7800万トンを抜いて、世界第1位の座にある。唐山鋼鉄集団と邯鄲鋼鉄集団などが合併し、2008年には河北鋼鉄集団が誕生した。2020年に河鋼は粗鋼生産量が4400万トンで日本製鐵の4100万トンを上回り、世界3位につけた。

中国政府主導の企業集約と生産調整が進むなかで犠牲を強いられた企業もある。2004年にかけて中央政府は民営企業の江蘇鉄本が進めていた生産量840万トンの鋼材プロジェクトを解体した。鉄本の経営者の戴国芳氏は屑鉄の回収から始め、製鉄に進出した。赤字になった製鉄所を買い集め、民営としては異例の発展を遂げた。地元の江蘇省常州市と組み、大型のプロジェクトをぶち上げたが、生産調整に乗り出した中央政府によって違法行為を理由につぶされた。

中央政府は生産調整にあたっては当然ながら有力な国有大企業の利益を優先した。小さな民営企業が調整のターゲットにされたのだ。この頃から中国では「国進民退」という言葉が多用されるようになった。政府の優遇を受けた国有企業が前に進み、政府の支援がない民営企業は後ろに後退するほかないという意味だ。民営企業の経営者は事業への意欲にあふれ、産業の担い手として優れている。政府が介入することによってせっかくの起業家精神が損なわれかねない。政府が有力な独占・寡占企業を育てる枠組みを作ってしまうと、枠から押し出される企業は活力を失ってしまいがちだ。

企業集約をためらった日本だが、資金や資源の配分を考慮し、政府主導で民間企業への介入を強めた時期もあった。旧通商産業省（現経済産業省）は1950年代に鉄鋼の生産設備の近代化を目的とした合理化計画を打ち出し、工場建設を政府の認めた有力企業の案件だけに制限した。旧川崎製鉄（現JFEスチール）の社長だった西山弥太郎は通産省や日銀の反対を押し切って鉄鋼石を溶かす高炉を千葉に建設した。川崎製鉄は川崎重工から分離したばかりで鉄鋼業界では劣勢だった。高炉のある一貫工場は八幡製鉄、富士製鐵、日本鋼管しか持っておらず、西山の決断が寡占状態を突き崩した。川鉄の一貫工場はその後の日本の経済成長を支える土台となった。

1961年に通産省は自動車メーカーの整理にも乗り出した。当時、自動車メーカーは20社近くあり、通産省は新規の参入を制限した。これに反発したのが本田技研工業（ホンダ）の創業者、本田宗一郎だった。ホンダはまだ四輪車を作っておらず、二輪車メーカーだった。本田宗一郎は制限の法律ができる前に四輪車を急いで製造し、販売に乗り出した。結局、四輪車への進出を制限する法案は廃案となった。もし本田宗一郎が政府に従い、四輪車への進出をあきらめていれば後に世界を驚かせた数々のエンジンも生まれなかったろう。

政府が早期に企業を集約し、経営資源を成長に向けて集中させるべきなのか。あるいは自由競争の中で生き残った勝者が敗れた競争相手の企業を吸収すべきなのか。どちらがより強い企業を作り出すのだろうか。神学論争に似ていて答えは主観に委ねられるのかもしれない。

3　スーパーアプリ＝騰訊控股（テンセント、中国）

中国ネット大手のテンセントは2017年1月、「微信」（ウィーチャット）」内で利用できる「小程序」（ミニプログラム）と呼ばれるサービスを始めた。ウィーチャットからミニプログラムのページを開くと、そこにはゲームやフードデリバリー、配車依頼、チケット購入、健康診断などのアプリが並んでいる。ウィーチャットのアカウントをそのまま利用でき、料金がかかるサービスにはウィーチャットペイで支払える。わざわざ他のアプリを開く必要ながく、ウィーチャットペイだけでほぼすべてのネットサービスを受けられる。こうした一つで何でもできるアプリをIT業界では「スーパーアプリ」と呼ぶようになった。

消費者を囲い込むビジネスモデルは古くからある。ポイントカードによる割引や優待券の配布で消費者が他のお店に流れないようにするような事例だ。ネットビジネスでも同じ戦略は実施されてきたが、スーパーアプリは究極の囲い込み戦略といえる。ネットユーザーはアプリを変えてサービスを受けることに煩わしさを感じている。新しいアプリをインストールし、アカウントを登録しなければならないからだ。テンセントはそんな煩わしさを解消すべく、ウィーチャットのアプリ上で動くミニプログラムを始めた。ウィーチャットの中で別のアプリを使えるようにしたのだ。これならばユーザーはウィーチャットから別のアプリに移らなくても別のサービスを受けられる。

圧倒的なユーザー数だから実現可能

テンセントが提供するメッセンジャーアプリのウィーチャットは中国人の共通プラットフォームになっている。このアプリを使ってメッセージを送信したり、写真や動画を送ったり、ビデオ通話を楽しむことができる。ウィーチャットペイ（微信支付）を使ってモバイル決済も可能だ。中国でスマホを持っている人ならばほとんどの人がウィーチャットのアプリを利用して

図8-3　スーパーアプリの登場

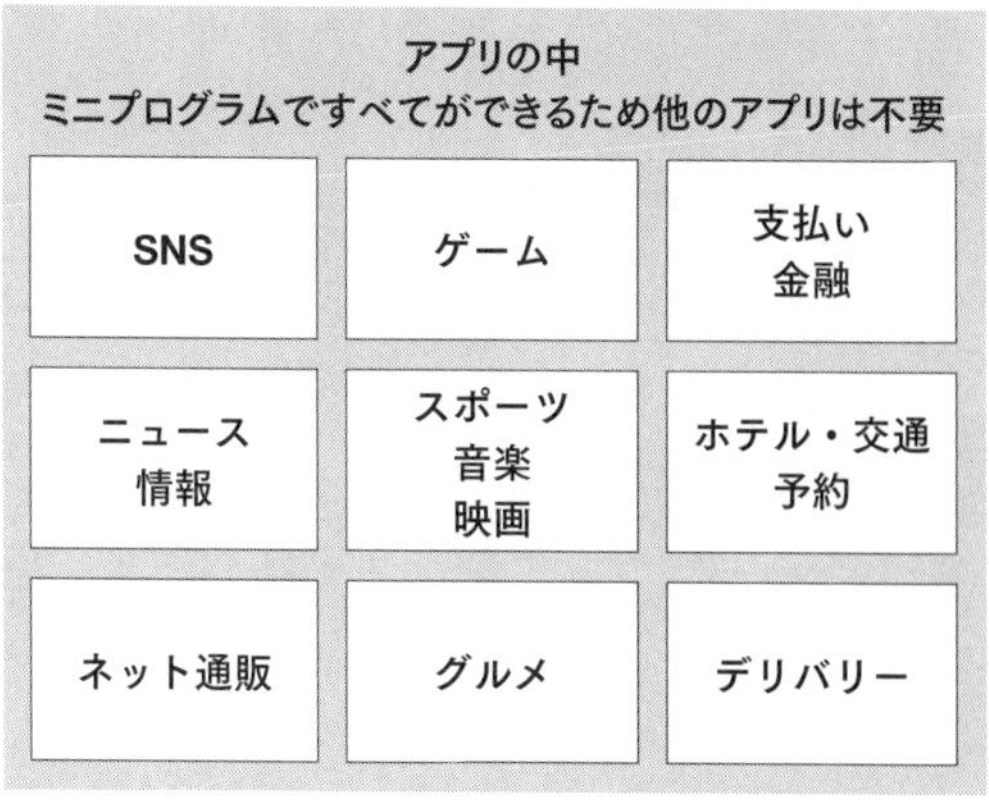

いると言っても過言ではない。スマホの普及とともに中国に根づき、中国内の月間アクティブユーザー数は10億3000万人（2020年）に達したといわれる。

億単位のユーザーがいるウィーチャットでミニプログラムが使えるわけだから、ミニプログラムのユーザーも簡単に億単位になる。2020年にミニプログラムの1日のアクティブユーザー数は4億人を超え、プログラムの数も300万を超えた。知名度の低いネット企業はユーザー獲得に苦慮しており、テンセントと組むことでユーザーを獲得できるチャンスが広がるため、多くの企業がミニプログラムに殺到した。この結果、ネットユーザーがテンセントを使う時間が長くなる。ミニプログラムの中で「跳一跳」と呼ばれるゲームがヒットし、ユーザーのテンセントの滞在時間は長くなった。

ネット企業はユーザー数、アクセス数、滞在時間を増やすことで広告収入が増えていく。中国の各社の利用時間の比率を見ると、テンセント系列のアプリが39・5％とトップだ。アリババは10・3％にとどまる（QuestMobile調べ、2020年6月）。アリババの主導する決済サービスは滞在が一瞬で済むのに対し、ゲームや動画をそろえたテンセントは滞在が長くなる。そこにミニプログラムが加われば、他のアプリを寄せ付けないスーパーアプリとなってしまう。勝者がすべてを総取りする「ウイナー・テイクス・オール」そのものだ。

世界中のコンテンツに触手

テンセントは馬化騰（ポニー・マー）氏が1998年に創業した。パソコン用のメッセンジャーサービス「QQ」が大当たりし、アリババ集団と並ぶ中国IT業界の先導者となった。2010年代にスマホに適化したウィーチャットを普及させ、巨大企業として力を振るうことになった。大きくなってからのテンセントの戦略は米国IT企業と同様に「エコシステム」を拡大するものだった。エコシステムは生物が互いに共存しながら自然界を形づくっているのと同じように、各社とのつながりによって共存共栄のビジネス圏を形成することが目的だ。テンセントはアプリやコンテンツを提供する各社と提携を強めていった。

例えば、動画共有サイトとして日本でも人気の「ｂｉｌｉｂｉｌｉ」に出資した。ｂｉｌｉｂｉｌｉはモバイルゲーム、アニメなどのコンテンツの提供で中国の若者の心をつかみ、たちまち有力ＩＴ企業にのし上がった。スマホでビデオを作成し、アップロードできる「快手」やネットで動画を楽しめるストリーミングサービスの「闘魚」（ドウユウ）にも出資。Ｅコマースの「京東」（ＪＤ・ｃｏｍ）、共同購入のプラットフォーム「拼多多」にも出資し、アリババに対抗できる体制を整えた。出資比率は１－２割が多く、テンセントが各社を支配する状況にはない。テンセント自体が持つサービスと合わせて、短期間に巨大なエコシステムを作り上げた。

もちろんエコシステムという言葉は聞こえこそよいが、実際は自社の生態系（ビジネス圏）に有力企業を取り込み、ユーザーを生態系に囲い込む戦略ともいえる。協業するパートナーを縛りつける関係にはならないが、各社はテンセントの生態系に組み入れられ、いつのまにかテンセントのユーザー獲得の道具になっている。テンセントは人工知能（ＡＩ）、仮想現実（ＶＲ）、自動運転、電気自動車の分野にも積極的に投資し、科学技術ではアリババを上回る分野さえあるといわれる。

さらにテンセントは世界中のゲーム、音楽、映画などコンテンツ関連企業への出資、買収に乗り出した。映画製作会社の米スカイダンス・メディア、米ＳＴＸエンターテインメント、音楽では米ワーナー・ミュージック・グループにも出資した。テンセントが最も得意とするゲーム分野では、バトルゲームのリーグ・オブ・レジェンドを開発した米ライアットゲームズやスマホ向けゲームを開発するフィンランドのスーパーセルを傘下に収めた。韓国ではIT大手のカカオの株主となり、カカオ系のコンテンツも押さえた。テンセントは世界中のコンテンツを集め、国内外にまたがる強力なエコシステムをつくろうとしている。テンセントの世界膨張に対し、各国では反発も見られる。

中国政府がIT大手に制裁

中国政府はテンセントに対して傍観の構えだった。だが、2017年に共産党機関紙の『人民日報』が突然、テンセントが若者をゲーム中毒に陥れているとして批判を始め、テンセントの株価は急落した。テンセントの傘下のニュースサイトが伸びるなかで、共産党・政府系メディアは苦戦が続いている。中核事業のゲームを批判しつつ、テンセントの持つメディアとしての影響力を牽制する狙いがあったと見られる。中国共産党は2020年に独占禁止法の運用強化を決め、アリババとともに独占禁止法違反でテンセントの関連会社を摘発した。アリババは3000億円相当の罰金を支払わされた。

テンセントの事業は、メッセンジャーアプリやゲーム、アニメ、映画、流行音楽など中国政府にとってあまり馴染みのない分野であり、放置していたのかもしれない。アリババについてもモバイル決済の普及を中国政府が誇示するなどむしろ保護していた面もあるが、両社が巨大化するにつれて中国政府も徐々に態度を硬化させてきた。

特に、アリババがアリペイを使った投資商品や保険の販売に進出してからは、次々に規制策を繰り出した。アリババの投資商品に集まる資金は中国4大国有銀行の一角の中国銀行の個人の定期預金額を上回るようになった。保険もネットを使えば低コストで実現でき、あっという間に1億人を超える加入者を集めた。アリババの金融業進出は金融ビジネスに混乱をもたらすと批判されたが、既得権層が集まる金融事業にアリババが参入したことで当局の堪忍袋も切れてしまったのかもしれない。政府の独占を取り締まる政策に対応する形で、アリババはタオバオの特売サービスをライバルのウィーチャットでも利用できるようにした。

政府主導で独占企業を育てておきながら、言うことを聞かなくなったから制裁するという論理はかなり身勝手な印象を与えるが、巨大化したテンセントとアリババの影響力が共産党を超えることになれば統治の根本が揺らぎかねないという危機感があるようだ。IT分野の研究開発に回る資金を確保し、AIの開発につながるデータを収集するためにも、IT企業は大きくならなければならない。かといって政府をくつがえすほどの力は与えたくない。政府はどこまで巨大IT企業の独占を許すべきなのか。中国のみならず、世界各国が抱える問題だ。

ＩＴ巨大企業の規制は軍縮問題に似ている。相手側が軍拡を続ける以上、自分たちだけが一方的に軍縮をすれば不利になる。だから、かつての米ソ時代に軍縮はなかなか進まなかった。巨大ＩＴ企業への規制も、自分の国だけが実施すれば相手の国の巨大ＩＴ企業を助けることになる。相手国とのＩＴ産業の競争で後れをとらないためには、どうしても自国の巨大ＩＴ企業への規制が及び腰になる。

第9章

国家資本主義——政府と民間の結合

20世紀前半は国家が企業の利益や技術を利用し、企業も国家の権力や支援を利用する「国家資本主義」が一世を風靡した。その後、権力と富が一極に集中する国家資本主義は批判にさらされ、勢いを失ったかに見えた。だが、アジアでは国家と企業が一体となる国家資本主義が再び脚光を浴びている。

1　政府持ち株ファンド＝テマセク（シンガポール）

シンガポール航空は2020年3月、最大で190億シンガポールドル（約1兆5500億円）になる緊急資金調達策を発表した。53億シンガポールドルの新株と最大97億シンガポールドルの10年物転換社債を既存の株主向けに発行する。増資に応じない株主がいた場合、政府投資会社のテマセク・ホールディングスが買い取る。テマセクはシンガポール航空株の55％を保有している。短期的な資金不足を防ぐため、テマセク傘下のDBS銀行から40億シンガポールドルの借り換え融資枠も確保した。シンガポール航空は新型コロナウイルスの流行で保有機のほとんどを運航停止する危機に陥っていた。

市場経済（資本主義）と国家主義（社会主義）を融合させようという試みは新興国で絶えず繰り返されてきた。その成功例がシンガポールといわれる。政府資金で企業を興し、株式会社の体裁を整える。成長した企業は市場経済のルールにのっとって利潤を最大限に追求し、政府は大株主として多くの配当を手にする。政府は企業の大株主として残るが、経営そのものには口を出さない。だが、ひとたび経営危機などの突発事態が起これば政府がすぐさま解決に乗り出す仕組みだ。

政府主導の開発、やがて利潤追求へ

シンガポールで政府と政府系企業の橋渡し役を務めているのが投資会社のテマセクだ。シンガポールはマレーシアから1965年に分離独立したが、貿易や軽工業以外に目立った産業もなかった。シンガポール政府は造船、海運、石油、金融、港湾などの産業を自ら興し、経済のキャッチアップを図った。多数にのぼった政府系事業を管理するために1974年にテマセクを設立した。シンガポール財務省が100％の株式を保有している。政府系事業はテマセクの傘下に組み入れられ、企業として市場競争の中で発展することになった。テマセクという名称はシンガポールの古い呼び名だ。

テマセク傘下の企業としてはシンガポール航空のほか、通信会社のシンガポールテレコム、

表 9-1　政府系投資ファンドランキング

順位	名称	国・地域	総資産（億米ドル）
1	ノルウェー政府年金基金	ノルウェー	12,894
2	中国投資（CIC）	中国	10,457
3	クェート投資庁	クェート	6,929
4	アブダビ投資庁	アラブ首長国連邦	6,491
5	香港金融管理局	香港	5,805
6	シンガポール政府投資公社（GIC）	シンガポール	5,450
7	テマセク・ホールディングス	シンガポール	4,844
8	パブリック・インベストメント・ファンド	サウジアラビア	4,300

［出所］SWFI、2021 年 8 月に閲覧

金融機関のDBS銀行、工学関連のSTエンジニアリング、不動産のキャピタランドが知られる。1990年代に入るとテマセク傘下の企業は次々と株式公開を果たし、テマセクは上場益で潤った。企業を管理するために設立されたテマセクだが、しだいにシンガポール国家の富を拡大する政府系投資基金であるソブリン・ウェルス・ファンド（SWF）の色彩が強くなっていった。

世界中から優秀なファンドマネジャーがテマセクに集められ、利益拡大を目指した。テマセクは傘下の企業に株主利益を増やすよう求めた。政府系企業や国有企業はともすれば予算の獲得に血眼になり利益を無視した経営に陥りがちだが、テマセク傘下の企業は利潤獲得に邁進した。傘下企業の経営者は利益を

上げられなければ大株主のテマセクの圧力にさらされる。テマセクの20年平均の投資リターンは8％（2021年）になる。傘下の企業は他国の大手企業との競争にさらされながら、世界的な優良企業に成長した。シンガポール航空は各種の顧客満足度調査で常に世界トップクラスの評価を受けてきた。

テマセク自身も傘下の企業が成長すれば運用資産を増やすことができた。運用資産は発足した1974年に3億5400万シンガポールドルだったが、2021年3月末で3810億シンガポールドル（2021年のレートで24兆9000億円）と1000倍以上に膨らんだ。テマセクの成功は政府と企業の理想的な融合モデルとしてもてはやされた。産業育成の初期には巨額の資金が必要であり、脆弱な民間資本だけではまかないきれない。この段階では政府が安定的に資金を提供するが、事業が軌道に乗れば政府系事業を民営化し、政府系の投資会社に管理を移す。投資会社は市場経済の冷徹な原理に基づいて利益を追求させ、リターンを得る。政府は投資した何倍もの資金を手に入れ、税収を補うことができる。

中国の国有企業改革のモデル

ただし、このモデルには疑問も出てくるだろう。傘下の企業が上場し、経営が軌道に乗れば保有株をすべて売却できるはずなのに、シンガポールはそうしなかった。日本をはじめとする多くの先進国では政府系事業を民営化する際に政府保有株はほぼ売却した。投資会社を運営するにしても売却資金で有望な未上場企業に新たに投資するほうが効率的なはずだ。ところが、テマセクは今なおシンガポール航空などいくつかの企業の株式の過半を持ち続けたままだ。

答えは、過半数以上の株を握っている業種を見ればすぐにわかる。航空、通信、電力、情報、防衛など安全保障に関わる分野だからだ。この分野はやはり万一の場合のために、政府が介入できる余地を残しておきたいのだろう。都市国家という不利な条件下で生き残るためには基本的なインフラの経営権を外国に渡したくない。2020年のコロナ流行で各国の航空会社が経営危機に陥ったが、事例にあるように、シンガポールはテマセクを使って早々に事実上の支援策を打ち出した。

もう一つは企業と政府を一体化させようという理念だろう。シンガポールは優秀な子供を選別し、エリート教育を施す。大学を卒業後にエリートは政府官僚として働き、やがて人事ローテションでテマセク傘下の企業にも出向する。政府で政策を策定した者が企業に移ってビジネスとして具体化する。企業で成果を上げ、政府に戻って再び国家戦略を練るのだ。エリートが政府と企業を行ったり来たりしながら、効率的に国家を運営する。この方式をスムーズに運用するためには政府が保有する企業を残しておいたほうがよい。

例えば、リー・シェンロン首相の弟のリー・シェンヤン氏はシンガポール軍で准将に昇進し

図９−１　テマセク型の国家資本主義

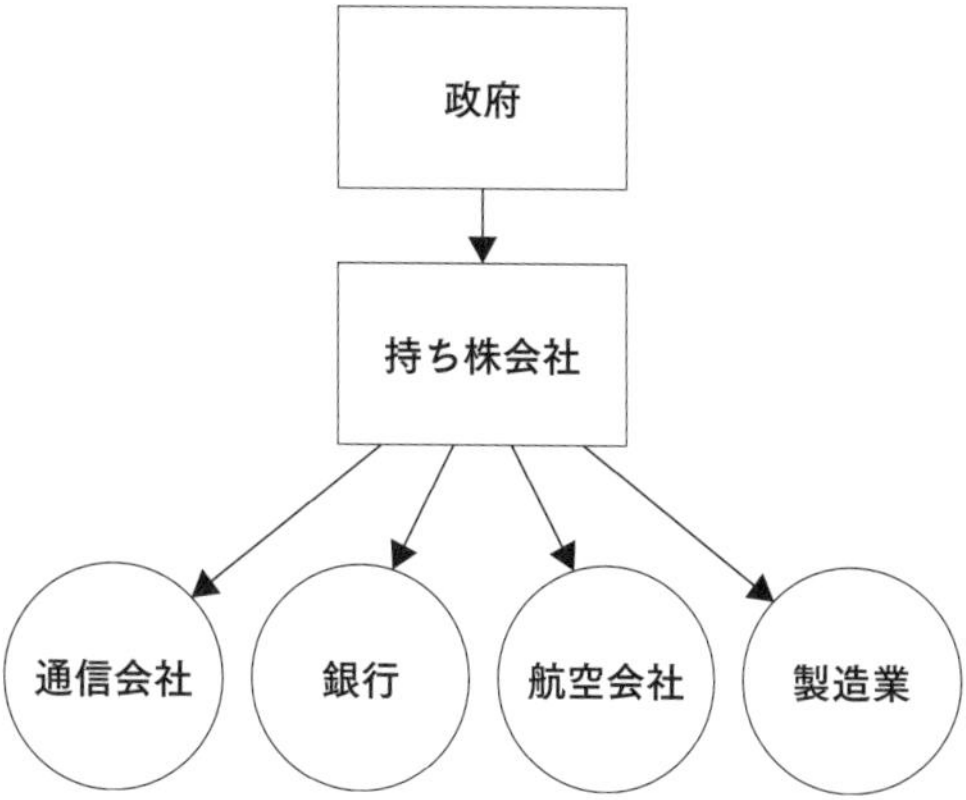

た後、シンガポールテレコムの最高経営責任者（CEO）に就任した。さらにシンガポール民間航空庁の顧問となった。テマセク自体もリー・シエンロン首相の妻のホー・チン氏が長くCEO（2021年退任）を務めたが、その前は技術者として防衛省やシンガポール・テクノロジーズ・グループで働いていた。シンガポールはエリートほど政府・企業の垣根を越えて様々な部所に回されるのが習わしであり、企業勤務時代に市場経済の成績表を突きつけられる。

　このような政、官、財が一体となったシステムはネポチズム（縁故主義）に陥る欠点がある。アジアでは人間関係に頼った裏口ビジネスが横行していると批判されてきた。これに対してシンガポールは法治主義の徹底で腐敗行為を防いできた。テマセクの内実は長らく明かされてこなかったが、ホー・チン氏がCEOになってから年次報告書を出すなど財務状況を明らかにした。企業経営に関しては他のアジア企業に比べればシンガポール企業は格段に透明性が高い。

国家と企業が一体となったテマセクモデルに目をつけたのが中国だ。中国は非効率な国有企業の改革に取り組んできたが、改革によって共産党による企業支配が終わることを恐れている。企業が共産党と敵対する政治勢力の資金源になる事態は避けなければならない。政府系企業を株式会社化し、政府が出資する持ち株投資会社を作り、そこから国有企業を管理し、支配できる仕組みは魅力的だった。政府から関連企業へと天下りできるうまみもあった。本来、資本市場による監視と厳格な法治主義がなければ成り立たない仕組みだが、形だけを真似をしたテマセクモデルが中国に氾濫することになった。

2　優良事業部門の民営化＝京滬高速鉄路（北京上海高速鉄道、中国）

北京と上海を結ぶ高速鉄道を運営する「京滬高速鉄路」が2020年1月、上海証券取引所に株式を公開した。上場で306億元（約5200億円）を調達した。京滬高速鉄路は中国国家鉄路集団傘下の鉄道会社。2011年に開通し、北京―上海間を最速4時間半で結ぶ。中国の高速鉄道はほとんどが赤字営業だが、北京―上海間は利益を上げている。上場で調達した資金は赤字の鉄道路線の取得に当てられる。

社会主義国が株式市場を開設するというニュースが世界を驚かせたのは1990年だった。計画経済体制で行き詰まった国有企業の資金調達を支援するのが目的だった。2020年までに上海と深圳の両取引所に上場した企業数は合計で4000社を超え、共産党体制の中国にも株式会社はすっかり根づいた。もっとも、赤字続きの国有企業の株式をそのまま公開しても買い手はつかない。そこで国有企業の中で利益を上げている部門を株式会社として切り離し、上場する方策をとった。

親会社は赤字

中国の鉄道はもともと鉄道省が管轄し、全国各地の鉄路局（鉄道局）が運営していた。中国の鉄道は不採算路線を多く抱え、政府からの補助金がなければ立ちいかない組織だった。政治権力や地域開発と結びついた不正も横行していた。2013年に行政改革の一環として鉄道省は解体され、運営部門は中国鉄路総公司という国有企業となり、2019年に中国国家鉄路集団に改組した。中国政府直轄の国有企業であり、略称は「国鉄集団」だ。

企業化されたとはいえ、赤字体質は一朝一夕には変えられない。高速鉄道は中国全土で建設が進められており、2020年末で全長3万7900キロメートルに達した。2035年には7万キロを目指している。ほとんどが赤字で運行されており、北京―上海間は数少ない黒字路線だ。2020年は新型コロナ流行で客数が減ったが、それでも京滬高速鉄路の2020年度の純利益は32億元(約540億円)と黒字を保った。一方、中国国家鉄路集団は555億元の損失に終わった。

やはり国有企業をまるごと上場したのでは、とても投資家の信任は得られそうにない。利益の出ている北京―上海間の高速鉄道のみを株式企業化し、上場したのは、資金調達の意味では正しい判断だったようだ。今後の増資や社債発行も有利に進められるだろう。赤字部門は政府が財政でなんとか支え、稼げる部門は資本市場を利用して自律的に発展さようとのもくろみは当たった。

不透明でわかりにくい企業間の関係

こうした部分上場は株式市場の開設以来、繰り返されてきた。中国石油化工集団は収益性の高い部門のみを株式会社「中国石油化工」(シノペック)として香港やニューヨークに上場させた。子会社の株式会社は黒字を維持するが、親会社の中国石油化工集団は時として赤字に陥った。子会社の上場後にも優良事業(資産)を子会社の所有に付け替える「資産注入」も頻繁に行われた。そのたびに子会社の株は上昇した。子会社が親会社から事業をもらい受け、利益と配当が増えるのだから投資家にとっては「買い」だった。

部分上場ではその逆もあった。子会社が市場で調達した資金がいつのまにか親会社や関連事業に回されていたのだ。もともと赤字の国有企業の資金調達の手段として始まった株式市場だ。子会社の金を親会社の国有大企業がどう使うかは勝手だという考えが出てきやすい。京滬高速鉄路のように、調達した資金を赤字の鉄道会社に投資すると公言する企業も現れた。部分上場が一般化した結果、中国国有企業のグループ内企業の関係図はきわめてわかりにくいものになっている。頻繁にグループ内で企業を合併したり分割したり、一部の事業を株式企業化して上場したり、あるいは資産を移動させたりしているからだ。

上場企業と政府の間にいくつもの会社をはさませることも一般的だ。共産党の企業支配権を維持するためには、上場子会社の一定数の株を政府関連企業やファンドが持つ必要があるためだ。京滬高速鉄路の場合、中国鉄路投資が大株主であり、49・76%の株を保有している(2019年)。中国鉄路投資は中国国家鉄路集団の100%子会社だ。さらに中国鉄路集団は中国政府財政省の出資する国有企業だ。間にはさまれる企業が多いほど資本関係が複雑になり、経営権を誰が持つのかわからなくなる。

シンガポールのテマセクを目指して始まった中国の国有企業改革だが、テマセクのように箇

図9-2　中国の国有株式会社の仕組み

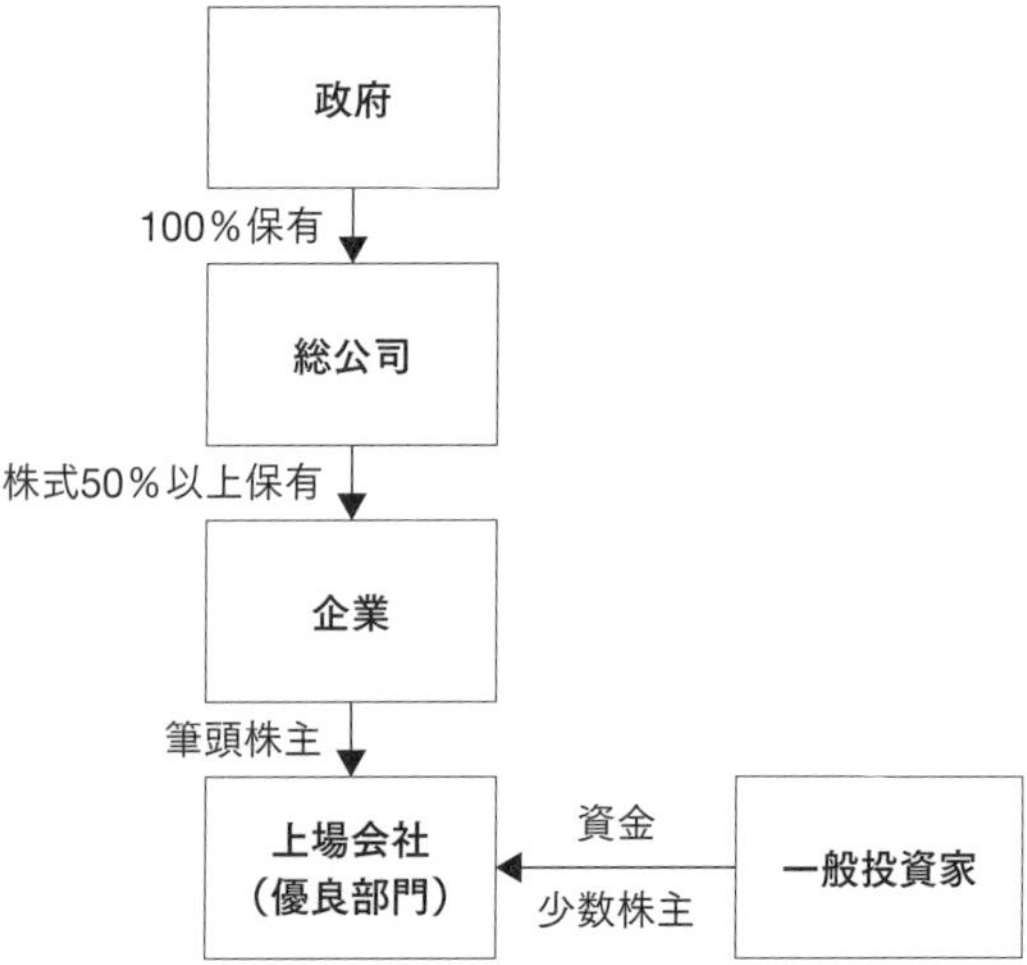

政府が企業全体を支配しながら
優良部門だけの上場で民間から資金を集める

単明瞭な組織にはできなかった。市場で競争しながら利益を上げるという明確な方針のもとにテマセクは傘下企業に利益の拡大を求めたが、中国ではこの考えは浸透しなかった。シンガポールと異なり、中国は国土が広く、企業規模も大きい。利権を守ろうとする官僚組織や既得権集団の力が強く、会社全体の利益の追求よりも既得権の維持が企業の目的となった。

　これからも中国では国有企業の上場が続き、規模や利益では世界屈指の企業として影響力を行使していくに違いない。京滬高速鉄路のような事業だけを見ればスマートで現代的な企業の上場も続くはずだ。だが、その裏には外部の者にはうかがい知れない複雑な政府との関係が控えていることは意識しておくべきだろう。

3　産業育成ファンド＝国家集成電路産業投資基金（中国）

中国の半導体受託生産大手の中芯国際集成電路製造（SMIC）は2020年5月、政府系ファンドからの出資を取り付けた。半導体産業に特化した国家集成電路産業投資基金と、傘下のファンドが、SMICの子会社の中芯南方集成電路製造に総額22億5000万ドル（約2480億円）を出資する。中芯南方は14ナノメートルの回路線幅で月間6000枚のシリコンウエハーを処理する能力を持つが、これを月間3万5000枚に引き上げる。

政府系ファンドが企業に投資する形で企業を育成するビジネスモデルがある。政府が補助金で企業を直接的に支援する代わりに、企業を間接的に支援する育成法だ。なかでも中国は政府自らがファンドにお金を拠出するだけでなく、同時に企業や金融機関、投資家に出資を呼びかけ、ファンドの金額を大きくする手法をとっている。政府の資金は呼び水の役割を果たしており、「政府誘導ファンド」と呼ばれている。政府誘導ファンドは地方政府や企業と手を組み、複数の子ファンドを設立しており、複数のファンドから企業が多くの投資を受けられる仕組みを作った。

「投資誘導」で一気に半導体産業を育成

なかでも注目されているのが、半導体産業を育成する目的で2014年に設立された国家集成電路産業投資基金だ。集成電路は集積回路を意味する。財政省と工業情報化省のほか、国家開発銀行系投資会社の国開金融、中国移動のような大手企業が資金を拠出し、ファンドの規模は1387億元（約2兆3600億円）にのぼった。中国では国家集成電路産業投資基金は「大基金」と呼ばれる。大基金は上海市政府と上海集成電路産業投資基金を設立するなど、地方政府や企業と組んでたくさんの子ファンドを設立した。

半導体企業の育成は大基金が単独で投資する場合もあるし、子ファンドとともに投資することもある。大基金の管理会社の華芯投資管理が運用先の決定に関与していると見られる。さらに大基金は、2019年には第2期として2041億元を集めた。東方財富証券によれば、半導体産業の育成のために2019年までに中国全土で組成されたファンドの資金規模は総額4651億元にのぼる。

大基金からの出資を受けて急成長した企業に清華紫光集団がある。清華大学から生まれた紫光集団は2013年に携帯電話機用の半導体設計企業、展訊通信（スプレッドトラム）を買収し、半導体分野に参入した。紫光傘下のメモリーメーカーの長江存儲科技（長江ストレージ）が大基金から190億元規模の投資を受け、武漢に工場を建設した。紫光集団は南京、成都にもメモリー工場を建設している。実現はしなかったものの、2015年には米メモリー大手のマイクロンテクノロジーや米ウエスタンデジタルの買収に名乗りを上げた。背後に潤沢な資金があるからこそできる買収提案だった。

大基金はファウンドリー事業向けでは、事例にあるようにSMICの生産能力の拡大に向けて資金を供給している。ファウンドリーが整えば半導体でも特に重要な、パソコンやスマホの頭脳に当たるCPU（中央演算処理装置）を国産化できる。SMICの拠点のある上海（中芯南方）のほかに、北京（中芯北方）の工場にも投資している。設計会社では指紋認証用の半導体チップの設計を手がける深圳市滙頂科技（グッディクス・テクノロジー）に投資した。大基金は半導体の設計から製造、材料、機械までまんべんなく投資し、川上から川下に至る半導体産業の育成を支援している。第二期では国産化が遅れる材料、製造機械の分野にも力を入れているようだ。

中国は半導体産業の育成に国家総動員で取り組んでいるが、2019年の半導体自給率は

図9-3　政府誘導ファンドによる企業育成

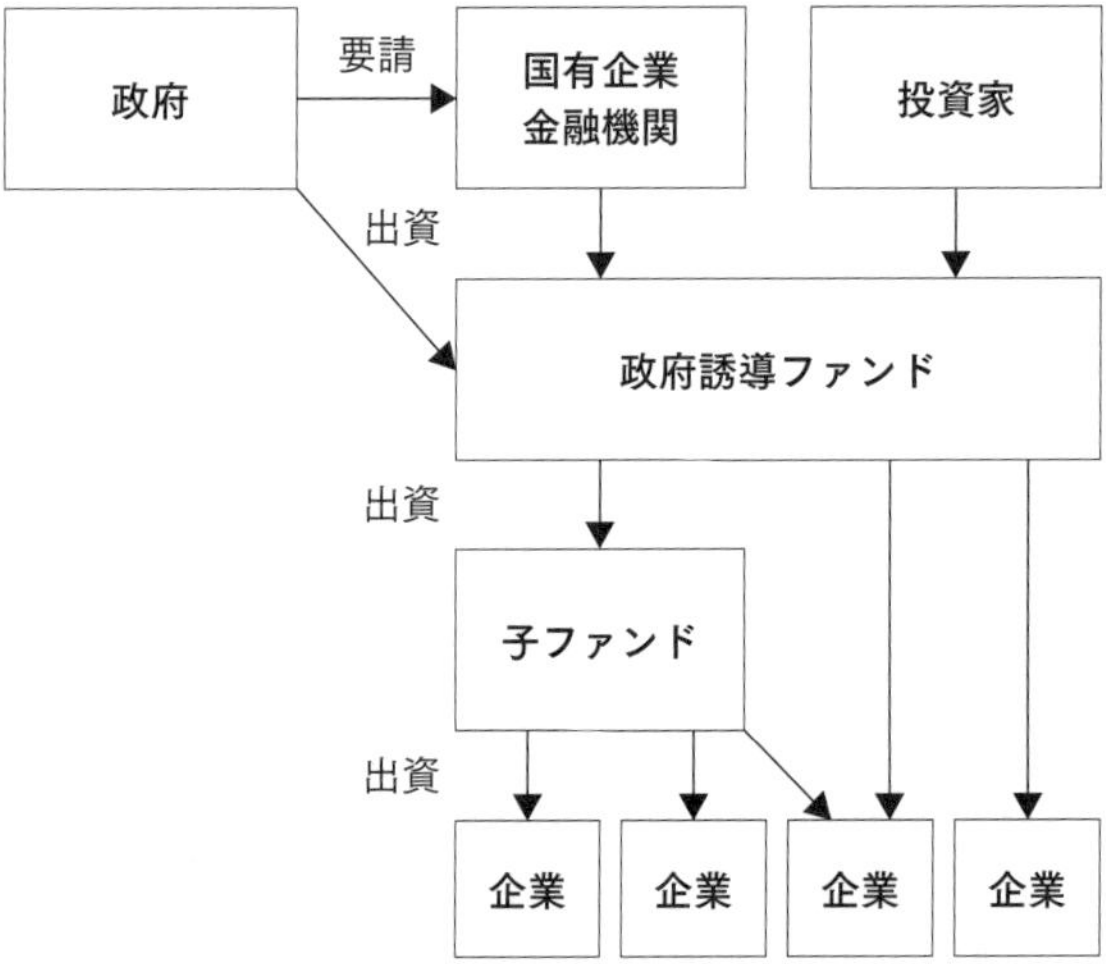

１５・７％（米調査会社ＩＣインサイツ）となお低い。華為技術（ファーウェイ）には子会社に海思半導体（ハイシリコン）というスマホ向けの最先端チップを作る半導体設計企業があるが、製造はＴＳＭＣに頼っていた。２０２０年に米国がＴＳＭＣに対しファーウェイへの半導体の生産・供給を事実上禁止すると、ファーウェイはたちまち困窮した。スマホの半導体が確保できず、欧米でのシェアも急減している。５Ｇでの覇権を握るどころか、後退を余儀なくされている。

　中国にすれば半導体の生産は安全保障に関わる問題であり、米国の圧力に屈しない外交姿勢を貫くために、一刻も早い半導体の国産化を実現しなければならないのだろう。半導体育成のために官民のお金の橋渡し役を担うのが政府誘導ファンドの目的だ。

政府誘導ファンドは自由貿易に反するか

半導体のほかにも、中国にはベンチャーファンドやインフラファンドなど様々な政府誘導ファンドがあり、日本の経済産業省によれば２０１７年時点で１１６６社に達した。こうした政府誘導ファンドは新たな国家資本主義のツールだとして批判を受けている。政府誘導ファンドは呼び水として政府の資金は入っているものの、企業からのお金も多く入っている。純粋な政府機関とはいえないが、中国のような国家体制の国で政府が投資を要請すれば企業や投資家は従わざるを得ない。政府誘導ファンドは国家の資金で動く政府機関そのものと見たほうが実情に即している。政府誘導ファンドからの投資は補助金による支援ではないが、投資に名を借りた政府による資金援助の色合いが濃い。

自由貿易の観点からは、政府機関の支援を受けた企業が輸出攻勢や企業買収に及ぶのは公正性を欠くが、新興国の立場では反論があるだろう。台湾積体電路製造（ＴＳＭＣ）が毎年、何兆円もの投資を繰り返しているように、半導体産業は巨額の設備投資が不可欠だ。新興国の民間企業にはとても資金をまかないきれない。政府支援がなければ半導体のような先端産業は育成できず、先進国との産業格差が縮まらない。新興国は永遠に先進国に従属させられてしまいかねない。

実は台湾も行政院（政府）の支援で半導体産業を育成した。1987年にTSMCが創業したときに、台湾の「行政院開発基金（現・行政院国家発展基金）」が持ち株比率48％で大株主だった。国家発展基金は行政院が主導して作った産業育成ファンドだ。1980年代の台湾も民間だけで半導体産業に乗り出す力はなく、行政院が強力に後押ししたのだ。TSMCが成長するにつれて国家発展基金の比率は下がり続け、6％程度まで落ちている。台湾の半導体産業の隆盛も端緒となったのは官民一体となった産業政策だった。

経済学では国家による市場への介入は生産性を傷つける非効率なモデルだといわれてきた。第二次世界大戦後、国家と企業が一体となった国家資本主義（あるいは国家社会主義）は富の偏在や政界と経済界の癒着を生み、独裁政治を招きやすいとされ、政治的にも忌避された。20世紀後半までは国家と企業を切り離す方向で世界は進んできたが、21世紀になって潮目が変わった。新興国政府がこぞって自国産業を支援し、先進国の企業が新興国企業に負けるようになった。

半導体の生産には大量の電力を消費するが、韓国の電力料金は日本の半分以下で韓国企業に有利に設定されている。電力を供給する韓国電力公社は赤字だが、政府の補助金で補塡されている。安い電気料金でサムスン電子は利益を維持しているとの批判も聞かれる。また韓国は為替介入への疑念も持たれてきた。ウォン安で輸出価格が安くなる恩恵を韓国企業は受けた。関税も槍玉に上がる。現代自動車グループが韓国国内市場で一人勝ちの状況になっているのは、自動車関税で外国車の参入が抑えられているからだとの指摘がある。さらにいえば、中国は外国のネット企業の国内進出に厳しい規制を敷いており、外国企業との競争を避けるなかでアリババ集団やテンセントが巨大IT企業に成長した。

日本は1980年代に、通産省や大蔵省の産業政策や金融政策は市場経済をゆがめる「修正主義」だとして欧米から強い批判を受けた。その後、批判を受けた日本は政府が主導する形の産業育成は目立った形では実施してこなかった。その間に韓国、台湾、中国などでは政府の支援を受けた企業が続々と登場し、日本企業を追い詰めていった。市場経済を信奉する米国ですら2020年には半導体産業に政府が500億ドルを投じる方針を決めた。

国家資本主義と呼ばれる経済体制が望ましいのか否かを考える前に、政府支援を受けた国外の有力企業が存在し、日本企業が競っていかなければならない現実がある。国家と企業が一体化するビジネスモデルについて日本も再考する時が来ているのかもしれない。

第10章

不断のM&A——常に事業を組み替える

最後に、華人企業を取り上げたい。数多くの事業にとりとめもなく手を出す華人企業は旧時代の経営手法という印象を抱かせる。一方で、華人企業の事業拡大は、科学的と称されるビジネスモデルが万能になるなかで、「やってみなはれ」という商売の原点を思い起こさせてもくれる。

1　変わる中核事業＝リッポーグループ（インドネシア）

インドネシアの華人財閥、リッポーグループの創業者、モフタル・リアディ（李文正）氏は2010年、バンク・ナショナルノブを事実上、買収した。インドネシア全土で営業拠点が100程度の小さな銀行だが、グループ内のネット決済事業を円滑に進めるために、銀行が必要と判断した。リッポーはリアディ氏が一代で作り上げた銀行を中核とするコングロマリットだったが、1997年から98年のアジア金融危機でつまずき、2005年までに銀行業務から撤退し、不動産開発業者として再生していた。

華人・華僑が経営する企業に苦手意識を持つ人は多いかもしれない。経営トップを家族で固め、経営情報を外部に漏らさない。華人間のコネを駆使していつのまにか世界中に拠点を築い

表10-1　アジア「富豪一族ランキング」（2020年）

順位	家族	企業	国・地域	金額（億米ドル）
1	アンバニ	リライアンスインダストリーズ	インド	760
2	郭（クォック）	サンフンカイ・プロパティーズ	香港	330
3	チャラワノン	CPグループ	タイ	317
4	ハルトノ	ジャルム	インドネシア	313
5	李（イ）	サムスン	韓国	266
6	ユーウィッタヤー	TCPグループ	タイ	242
7	鄭	周大福	香港	226
8	ミストリー	シャプルジ・パロンジ	インド	220
9	包（パオ）/呉（ウー）	BWグループ/ウィーロック	香港	202
10	シー	SMインベストメンツ	フィリピン	197

［出所］ブルームバーグ

ているかと思えば、進出先の政治権力と結託することもいとわない。事業がどんどん変わり、何をしている企業なのかつかみにくい。それにもかかわらず、倒産もせず、利益を上げる。合理的に物事を考える人にとっては経営全般が謎に映る。華人企業に共通するのは事業の将来性を見抜く目と決断の速さだ。日本人は職人気質でコツコツ物事を積み重ねるビジネスを大切にするが、拙速でもやってみるのが華人企業の流儀だ。考える時間も惜しみ、すぐさま行動に移す。商機は待ってくれない。あらゆる事業に触手を伸ばしているうちに金鉱脈に突き当たる。失敗すればやり直せばよい。

祖業も切り捨てる

何より驚かされるのが、事業へのこだわりの薄さだ。利益が出ないとみれば最初に手がけた「祖業」でも簡単に切り捨てる。リアディ氏はインドネシアがオランダから独立したばかりの1950年代の初めにビジネスに乗り出した。最初は貿易商だった。1959年に小さな銀行を買収したことを足がかりに金融業に進出し、いくつかの銀行を経営した。1970年代中盤には育てた銀行を手放し、サリムグループに身を投じた。サリムグループ内ではバンク・セントラル・アジアを同国トップクラスの銀行に育てた。

同時並行で別の中堅銀行の経営に関与し、リッポー銀行として再スタートさせた。1980年代末にサリムグループから離れたリアディ氏はリッポー銀行を足場に複数の銀行、保険、証券を抱える金融コングロマリットを形成した。それもつかの間、アジア通貨危機に襲われ、築き上げた金融帝国は瓦解した。だが、そこでリアディ氏は終わらなかった。銀行が担保にとっていた土地を開発し、不動産業に乗り出したのだ。住宅とスーパーなどの商業施設を組み合わせた一体開発で再び成功した。さらには病院、大学、移動通信、Eコマースなどに事業を広げ、有力華人財閥の座に返り咲いた。

図10-1　華人企業の発展パターン

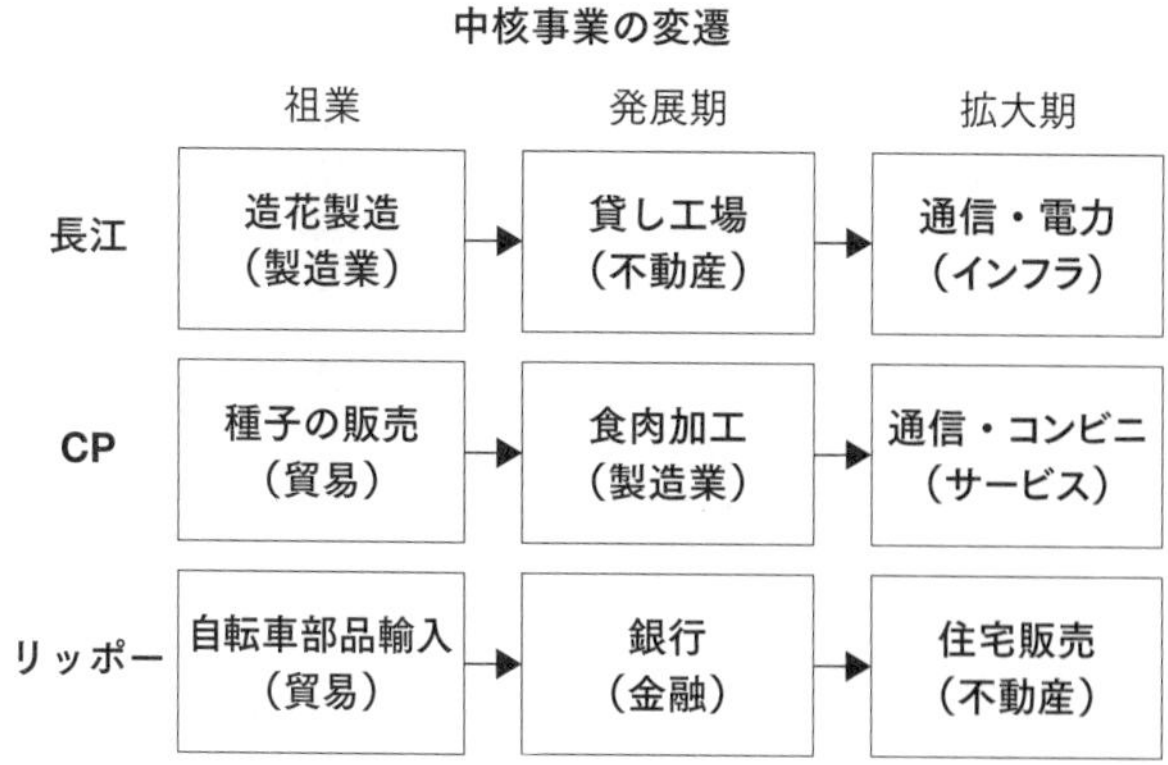

祖業や中核事業を変えるのは華人企業には珍しくない。マレーシアの華人のロバート・クォック（郭鶴年）氏は食料品の貿易を足がかりに製糖事業に乗り出した。マラヤン・シュガーを設立し、マレーシアの製糖会社を買収していった。一時はマレーシアの砂糖取り扱いシェアの8割を押さえ、世界でもシェア1割を超えるなど、クォック氏はシュガーキングと呼ばれた。だが、しだいに事業の重心をシャングリ・ラ・ホテルに移し、2009年にマラヤン・シュガーを売却した。もはやシュガーキングの異名は忘れさられ、ホテルキングとなった。

1950年代に造花（香港フラワー）の製造で財をなした李嘉誠（リー・カーシン）氏は早々にプラスチックの加工に見切りをつけた。1966年に始まった中国の文化大革命の影響を受け、香港の不動産価格も下がった。李嘉誠氏は値下がりした不動産を買い集め、1970年代には不動産開発企業として飛躍した。1979年から81年にかけての英系ハチソンワンポアの買収をきっかけに港湾や通信などインフラ事業に進出し、21世紀には欧州で通信会社を続々と買収した。

進出、退出はM&Aが基本

華人企業が短期間にビジネスを組み替えることができるのは、M&A（企業の合併・買収）を効果的に利用しているからだ。リッポーが最初に銀行業に参入したきっかけも売りに出ていた小さな銀行の買収からだった。撤退時はもちろん他の金融機関にリッポー傘下の金融機関を売り、キャッシュを作った。李嘉誠氏が世界へと飛躍するきっかけとなったのもハチソンの買収からだ。

日本では1980年代のバブル期に至るまでM&Aによる事業拡大はあまり一般的ではなく、事業は一から育てるのが習わしだった。企業を売り買いするのは道徳に反する行為とみなされ、買収を企てる企業は「乗っ取り屋」扱いされる風潮すらあった。その頃すでにアジアの華人企業の間ではM&Aはごく普通の商行為として定着していた。アジア各地では政治・社会が安定せず、日本のようにじっくりと産業を育てている余裕はなかった。商機があれば一気に乗り込み、商機が失せればさっさと退出する必要があった。

M&Aこそが事業拡大やリストラの王道だった。華人企業は株や債券で構成された投資のポートフォリオを組み替えるように、短期間で事業のポートフォリオを組み替えている。「李嘉誠氏があきらめずにプラスチックの加工を続けていれば合成樹脂の大企業に変貌したかもしれない」と日本人なら考える。香港の経営者ならばおそらく「李嘉誠氏は香港のような狭い土地で大規模な製造業が限界に達する前に別の事業に乗り換えて成功だった」と考えるだろう。

華人企業が倒れそうで倒れないのは時流に乗り、ビジネスを柔軟に変更しているからだ。インドネシアでリアディ氏が銀行業を拡大した時期は、同国で金融の規制緩和が差し迫っていたときだ。李嘉誠氏がハチソンを通じて港湾事業を手中にしたのは、香港が加工貿易地から中国と世界を結ぶ貿易センターに転換する間際だった。オーナー企業であるからビジネスの風を読み、すぐに行動に移せた。日本企業はビジネスの継続性にこだわるあまり、進むときも退くときも遅くなりがちだ。

2　ダボハゼ経営＝サンミゲル・コーポレーション（フィリピン）

フィリピン最大財閥のサンミゲル・コーポレーションはマニラの近郊に巨大空港を着工する。総額7350億ペソ（約1兆6000億円）で2025年の開業を目指す。建設期間を含めて50年間、サンミゲルが運営する。「新マニラ国際空港」は2400ヘクタールの土地に滑走路を段階的に4本敷設。年間の受け入れ能力はニノイ・アキノ空港の倍の1億人を見込む。総投資額でフィリピン最大のインフラ事業となる巨大プロジェクトだ。サンミゲルは祖業のビール醸造から空港、鉄道、道路、電力、石油へと事業を一気に拡大している。

かつてダボハゼ経営と呼ばれた企業があった。宮崎輝が社長、会長だった1961年から92年までの旭化成だ。ダボハゼは小型のハゼを指す。ハゼは体の大きさに比べて口が大きい。大きな口で何にでも食らいつくと言われることから転じ、企業が見境なしに新規事業に飛びつく様を揶揄してダボハゼ経営と呼ぶようになった。旭化成は化学繊維のメーカーだったが、宮崎の時代に多角化に取り組み、化学品、建材、住宅、自動車部品、電子部品、医薬、医療機器に手を広げた。繊維の売上比率は1969年頃に売上高の70%を超えていたが、2010年には7%くらいに低下したという（『プレジデント』2010年8月16日号）。一世を風靡した日本の繊維メーカーは1960年代に伸びが止まり、一斉に多角化に乗り出した。その中でも旭化成の多角化ぶりが突出しており、ダボハゼ経営と呼ばれたのだろう。

わずか1年で別の企業に

ダボハゼ経営は今も多くの新興国で見られる。事例に挙げたサンミゲルはフィリピンがスペインの植民地だった1890年に創業した老舗ビールメーカーだ。フィリピンのビールシェアの9割を占めている。100年以上も永らえてきたが、オーナーには変更があった。1980年代にエドゥアルド・コファンコ前会長（2020年死去）が株を買い増し、経営権を奪った。コファンコはラモン・アン氏に経営を任せ、2012年に持ち株の多くを彼に譲った。ラモン・アン氏のもとでサンミゲルは飲料・食品の財閥から石油精製、電力、インフラ建設を事業とするコングロマリットに変貌した。

ダボハゼ経営とはいっても、多くの企業は長い時間をかけながら多角化を成し遂げている。ところが、サンミゲルの変貌は急激だった。2009年時点でサンミゲルの売上高に占める飲料・食品の割合は9割近くにのぼっていた。それが2010年には石油が5割近く、電力が15%近くを占め、飲料・食品の割合は3割に低下した。2010年にフィリピンの石油供給の4割を握るペトロンを買収したからだ。子会社で電力事業を手がけるグローバルパワーの事業も本格化した。

多角化のあり方としては、第3章で述べたように関連する分野に進出する場合が多い。サンミゲルはインフラ事業とは無縁であり、ほとんど自社にノウハウがないまま多角化に突っ込ん

図 10−2　ダボハゼ経営

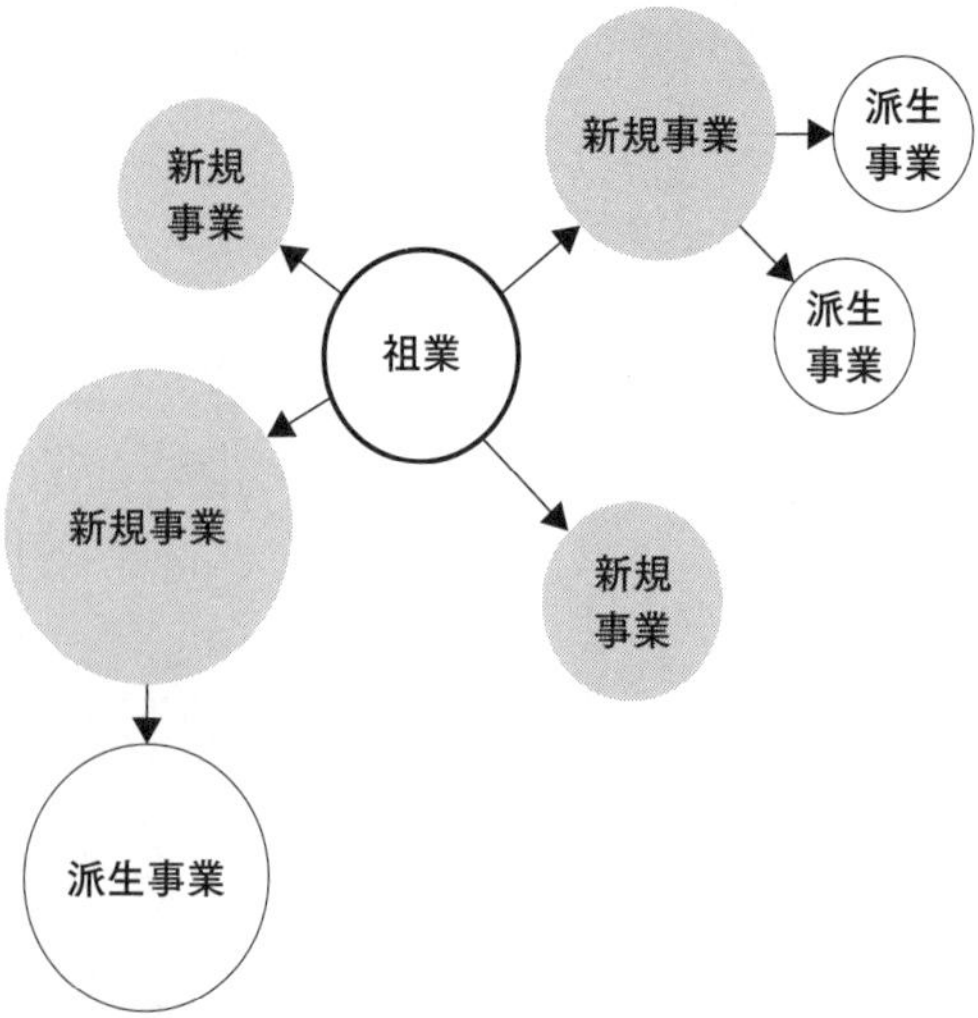

でいったように見える。インフラ関連ではマニラ首都圏を南北につなぐ高速道路を建設したほか、首都圏を走る鉄道の建設も手がけている。そして打ち上げたのがマニラ郊外の巨大空港建設だ。

フィリピンは、インフラ不足から東南アジアの経済成長で後れをとった。本来、空港や高速道路、地下鉄といった交通インフラは政府が主導すべきプロジェクトだが、資金不足から進んでこなかった。サンミゲルはそこに商機を見出した。ビールはほとんど独占状態にあり、大きな伸びは期待できない。サンミゲルのインフラ事業進出は一見すると無謀のようだが、したたかにそろばんをはじいている様子がうかがえる。インフラが整えば外資導入が進むだろうし、インフラの利用も高まる。

言うまでもなく、サンミゲルのダボハゼ経営はバクチ的な要素も強い。安定した現金収入は続いているが、多くの資金を新規事業に投入している。2020年の投資キャッシュフローの赤字が営業キャッシュフローの黒字を上回り、フリーキャッシュフローはマイナスだった。成長期の企業によくあるとはいえ、資金的には綱渡りをしているようにも見える。

（注）資金の流れを表すキャッシュフローは三つに分かれる。営業活動の資金の出し入れを示す営業キャッシュフロー、投資の資金の流れを示す投資キャッシュフロー、金融機関からの借り入れや株主への配当などを示す財務キャッシュフローの三つだ。企業は営業活動からお金が入り、投資活動でお金を使うため、通常ならば営業キャッシュフローがプラスになり、投資キャッシュフローがマイナスになる。フリーキャッシュフローは自由に使えるお金を表し、営業キャッシュフローと投資キャッシュフロー（マイナス）を足せばほぼ割り出せる。
フリーキャッシュフローは営業で入ってきたお金から投資で出ていったお金を引いた残りのお金と考えてもよい。企業は投資活動に使うお金を営業活動で得るお金より少なくするのが一般的だ。この結果、フリーキャッシュフローはプラスになる。フリーキャッシュフローが多い企業ほど手元に現金の余裕がある。積極的な投資を続ける企業ではフリーキャッシュフローがマイナスになることも多い。その際は銀行からお金を借りるなど財務活動で資金を増やさなければならない。

選択と集中の弊害

ダボハゼ経営は成長率の高い新興国だからできるという指摘も出てくるだろう。先進国では多くの事業が成熟し、ＩＴなどの先端事業を除けば急成長は望めない。本業にしっかり集中し、安定した利益を確保すべきだという意見が主流かもしれない。特に日本はバブル経済の崩壊を経てダボハゼ経営の評判は地に落ちた。多くの日本企業が金融機関から借り入れを増やし事業を多角化したが、不採算事業の山となった。各社は見込みのない新規事業の整理と過剰となった生産能力の縮小にはそれこそ10年を費やした。事業を絞り込む「選択と集中」がもてはやされ、新規の投資は採算性の高いものしか許されなくなった。

しかし、各社が伝統的な事業に閉じこもれば新たな産業は育ちにくい。韓国のサムスンはベーカリー事業に進出し、自営業者のビジネスを奪うものとして批判を浴びたことがあった。財閥によるビジネス独占への反発はもっともだが、こうした事業拡大への貪欲さがサムスングループに活力をもたらしてきたことも疑いない。日本では預貯金が増えるばかりで投資に消極的な企業の姿勢を批判する声も増えている。

現代の日本でダボハゼ経営に最も近いのが、孫正義氏率いるソフトバンクグループだろう。ソフトバンクグループは世界中のＩＴ系スタートアップに投資をしている。同社のフリーキャッシュフローは２０１３年以降、ずっとマイナスだ。それだけ投資が多いということになる。中国のアリババ集団への投資では大成功したが、せっかく買収した英アームを資金確保のために手放すなど浮き沈みは激しい。株主や従業員の立場ではソフトバンクのような企業は望ましくないが、成長を基準にビジネスを考える立場からは、孫氏の積極投資は一考に値するだろう。

3　キャッシュフロー経営＝長江グループ（香港）

香港の大手複合企業、長江和記実業（CKハチソン・ホールディングス）グループは2020年、欧州の通信塔事業を100億ユーロ（約1兆2900億円）でスペイン通信大手のセルネックス・テレコムに売却した。傘下の通信事業会社CKハチソン・ネットワークス（ルクセンブルク）は英国など欧州6ヵ国に2万5300の通信塔を保有していた。セルネックスは現金のほか、新株を発行して対価を支払う。李ファミリーが経営する長江グループは2010年代に入り、欧州の通信各社を買収してきた。通信塔の運営は通信各社の経営圧迫要因になっており、通信塔を切り出して売却することでコストを削減する。

李嘉誠氏が創業した長江グループは他の華人系財閥とは異なる経営手法をとってきた。他の財閥と同じように新規事業に積極投資をするのは同じだが、キャッシュフローを重視する姿勢を貫いてきた。李嘉誠氏はごくまれにインタビューに応じるが、そのたびに「経営で大切なのはキャッシュフローだ」と繰り返してきた。

他の華人財閥はキャッシュフローが赤字になっても事業の多角化を進めるのに対して、長江はキャッシュの望める事業に絞って投資をしている。このため長江グループは常に豊富なキャッシュを手にしており、外部環境が厳しくなっても他の華人財閥のように資金繰りに窮することはない。1997年のアジア通貨危機の影響も軽微で済んだ。

参入障壁の高い規制産業に投資

事例にあるように、長江グループ（CKハチソン）は欧州各国で通信事業を買収してきた。O2アイルランド、オレンジ・オーストリア、ウインド・トレ（イタリア）などを買収し、欧州6ヵ国で通信事業を営んでいる。このほかにも英国のガス供給会社、英国の水道会社、オランダの廃棄物処理会社など公益産業と呼ばれる分野に投資している。公益産業は景気が落ち込んだ場合でも一定の現金収入が望める。公益性を考慮し政府が規制を設ける場合も多い。規制があれば新規参入の障壁が高くなる。

長江グループは現金収入を減らしそうな事業の処分は速い。通信業界は5G（第5世代移動通信システム）時代を迎え、通信塔の設備更新を迫られている。4G時代から通信各社は通信塔への多額の設備投資に苦しみ、利益が圧迫されてきた。5Gになって投資額はさらに膨れている。通信業界では自社の通信塔を売却し、他社と塔を共有する動きも出ている。CKハチソンは傘下にある欧州通信会社の通信塔を分離し、セルネックスに売却し負担を軽くした。通信設備の整備はセルネックスと共同で進めていく。

これとは別に、2020年にはCKハチソン傘下の長江基建集団（CKインフラストラクチャー・ホールディングス）などグループ企業がポルトガルの風力発電会社イベルウインドを売却した。2015年に長江基建など長江グループが2億8800万ユーロで買収していた。ポルトガルでは2027年に固定価格による電力の買い取りが終わり、市場価格で電力が取引される見通しだ。現金収入の変動リスクを考え、早めに処分したと見られている。

企業はフリーキャッシュフローが潤沢なほど経営が安定しているといわれる。ヤフーファイナンスによれば、CKハチソンのフリーキャッシュフロー（2017年以降）は2020年が435億香港ドル（約6100億円）で3年連続の増加だった。有力華人企業の旗艦企業であるCPフーズ、リッポーカラワチ、サンミゲル・コーポレーションのキャッシュフローと比べると、CKハチソンの財務力の強さは一目瞭然となる。リッポーカラワチはずっとマイナスが続いており、サンミゲルは2020年にマイナスに転じた。CPフーズも2017年、2018年と連続してマイナスだった。それだけ投資にお金を振り向けているといえるが、投資に見合うだけのリターンが少ないともいえる。

李嘉誠氏は中学までしか出ておらず、裸一貫で企業を起こした。近代的なキャシュフロー経営を大学などの高等教育機関で学ぶ機会はなかった。実践を通して現金収入の大切さを体得していったようだ。転機となったのが、1977年の地下鉄の駅ビル開発の入札だ。香港島では地下鉄工事が進行しており、中心街のセントラルとアドミラルティの駅ビルの開発に香港の不動産開発企業は色めき立った。この時点では李嘉誠氏の長江グループはまだ大手のデベロッパーとみなされておらず、他の大手企業が落札すると思われていた。

地下鉄路公司（MTRC）は、当時の地元政府である香港政庁から6億香港ドルで複数の用地を取得していた。このとき政庁はMTRCに6億香港ドルを現金で政庁に納入するように義務づけており、李嘉誠氏はMTRCが現金を渇望していることを見抜いた。駅ビルを建ててテナントとして貸すような通常のスキームでは現金がなかなか入ってこない。そこで李嘉誠氏は、地下鉄の完成と同時に各フロアを分譲販売するプランで勝負した。これならばすぐに現金を回収できる。MTRCと李氏側の出資比率は51対49と相手側に有利に設定した。駅ビルの落札成功で名を上げた李氏は1980年代には英系コングロマリットのハチソンワンポアの買収にも成功し、香港を代表する企業グループにのし上がった。

進出する事業や買収する企業の現金収入を予測し、そのうえで投資を決めるやり方は米国流

図 10-3　繰り返されるM&A

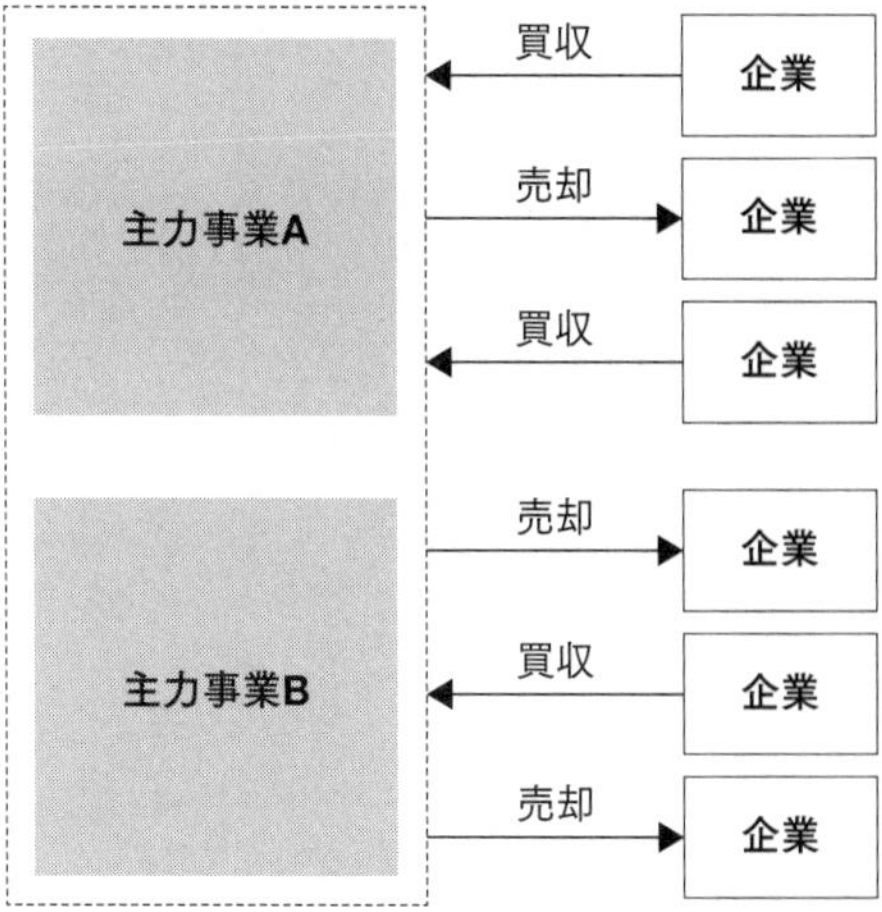

企業の利益を生み出す力を見て買収と売却を繰り返す

といえ、近代的な経営スタイルだ。李嘉誠氏は企業を買ったり売ったりしながら事業のポートフォリオを組み替えるビジネスモデルのアジアにおける先駆者となった。経験や勘に頼らずに冷徹に利益を計算し、したたかにM＆Aを繰り返した。香港暴動、中国返還、通貨危機、反中デモなどの危機が繰り返されるなかで成長を続けてきた秘訣だろう。

ベンチャー投資では大胆

　もっとも、李嘉誠氏の投資スタイルはあまりに堅実すぎて夢やロマンに欠けるという感想が出てくる。インドネシアのリッポーは荒地を造成し、「メイカルタ」という１００万人都市を建設中だ。

サンミゲルは政府に代わってマニラ近郊に巨大空港を建設する。ＣＰは食肉処理から食品調理まで、生産ラインが8キロメートル以上にわたる巨大な一貫工場をタイ東北部で運営する。いずれも社会を変革する一大事業だ。長江グループのキャッシュフロー重視の経営からは企業としての面白味は感じられないかもしれない。

しかし、李嘉誠氏にはもう一つの顔がある。ベンチャー投資家の顔だ。李嘉誠氏は２０００年代に入ると投資企業のホライゾンズ・ベンチャーズ（維港投資）を設立し、個人資産を運用してきた。ホライゾンズは、設立したばかりの未上場のテクノロジー系企業に投資している。２０００年代にまだ無名の未上場企業だったフェイスブックへの投資で足がかりをつかみ、その後もよちよち歩きのスタートアップ企業への投資で成功してきた。

人工知能（ＡＩ）技術のディープマインド、音声認識技術のシリ、音声・映像会議技術のスカイプ、植物由来の代替肉を開発するインポッシブル・フーズ、音楽配信のスポティファイに投資してきた。いずれも世の中の仕組みを一変させたサービスや商品を提供する企業群だ。投資先はホライゾンズのパートナーが選定し、李嘉誠氏がそれに乗る形で進められているという。李嘉誠氏は自らの事業では堅実な事業を心がけつつ、投資家としては大胆な投資で若い起業家の夢とロマンを支えているのだ。

２０２０年には李嘉誠氏はフォーブス誌が集計する香港の富豪ランキングで第1位に返り咲

いた。ブルームバーグの報道によれば、ビデオ会議サービスのZoomを運営する米ズーム・ビデオ・コミュニケーションズ株を8・5%保有しており、株価の上昇で価値が110億ドル(約1兆2000億円)相当になった。李嘉誠氏の資産の約3分の1を占めるという。新型コロナの流行でオフィスや学校が閉鎖され、世界中でリモート会議が一般化し、リモート会議システムを手がけるズームの売上高が急増した。

李嘉誠氏は本業の投資とベンチャー投資では異なるスタイルを見せるが、いずれでも資産を増やしている。ビジネスの大切な要素である堅実さとロマンを融合させており、香港で「超人」のニックネームがつくゆえんだ。

謝辞

1991年から2018年にかけ、記者として以下の創業者の方々にインタビューする機会に恵まれた。

TSMC（モリス・チャン氏）、クアンタ（林百里氏）、エイサー（スタン・シー氏）、TCL（李東生氏）、CP（タニン・チャラワノン氏）、統一企業（故・高清愿氏）、ジョルダーノ（ジミー・ライ氏）、リッポー（モフタル・リアディ氏）、パシフィック・センチュリー・グループ（李嘉誠氏の次男リチャード・リー氏）。

複数回にわたり長時間をいただいた方も多い。インタビューでのやり取りが本書の土台になっている。創業者の皆様に厚く御礼を申し上げる。

参考文献

＊学術書ではないので主に参考にした論文、記事、書籍にとどめた。それぞれの執筆者に感謝を申し上げたい。

【日本語文献】

〈書籍〉

桂木麻也（2019）『ASEAN企業地図 第2版』翔泳社。

黄未来（2019）『TikTok　最強のSNSは中国から生まれる』ダイヤモンド社。

呉暁波著、箭子喜美江訳（2019）『テンセント　知られざる中国デジタル革命トップランナーの全貌』プレジデント社。

慎武宏、河鐘基（2015）『ヤバいLINE 日本人が知らない不都合な真実』光文社。

坪井ひろみ（2006）『グラミン銀行を知っていますか　貧困女性の開発と自立支援』東洋経済新報社。

トーマス・フリードマン（2010）『フラット化する世界〔普及版〕（上）経済の大転換と人間の未来』伏見威蕃訳、日本経済新聞出版。

畑村洋太郎、吉川良三（２００９）『危機の経営　サムスンを世界一企業に変えた3つのイノベーション』講談社。

松崎隆司（２０２０）『ロッテを創った男　重光武雄論』ダイヤモンド社。

ムハマド・ユヌス、アラン・ジョリ（２０１５）『ムハマド・ユヌス自伝（上）』猪熊弘子訳、早川書房。

安田峰俊（２０１６）『野心　郭台銘伝』プレジデント社。

由曦著、永井麻生子訳（２０１８）『アント・フィナンシャルの成功法則　〝アリペイ〟を生み出した巨大ユニコーン企業』ＣＣＣメディアハウス。

湯之上隆（２０１３）『日本型モノづくりの敗北　零戦・半導体・テレビ』文藝春秋。

吉川良三（２０１１）『サムスンの決定はなぜ世界一速いのか』ＫＡＤＯＫＡＷＡ。

黎万強（２０１５）『シャオミ　爆買いを生む戦略』藤原由希訳、日経ＢＰ。


〈論文・レポート・記事〉

朝元照雄、小野瀬拡（２０１４）「台湾積体電路製造（ＴＳＭＣ）の企業戦略と創業者・張忠謀」九州産業大学『産業経営研究所報』第46巻。
https://www.kyusan-u.ac.jp › imi › publications › pdf
大塚茂（１９９８）「アジアのアグリビジネス」『島根女子短期大学紀要』第36巻。
https://ushimane.repo.nii.ac.jp/?action=pages_view_main&active_action=repository_view_main_item_detail&item_id=558&item_no=1&page_id=13&block_id=21

大橋弘、遠山祐太（２０１２）「現代・起亜自動車の合併に関する定量的評価」RIETI Discussion Paper Series』12-J-008。https://www.rieti.go.jp/jp/publications/nts/12j008.html

川上桃子（２００５）「台湾パーソナル・コンピュータ産業の成長要因―ODM受注者としての優位性の所在―」日本貿易振興機構アジア経済研究所『東アジア情報機器産業の発展プロセス』第１章。
https://www.ide.go.jp/library/Japanese/Publish/Reports/InterimReport/pdf/2004_01_06_01.pdf

岸本千佳司（２０１５）「台湾半導体産業におけるファウンドリ・ビジネスの発展―発展経緯、成功要因、ＴＳＭＣとＵＭＣの比較―」アジア成長研究所 Working Paper Series、Vol. 2015-08。
https://agi.repo.nii.ac.jp/?action=pages_view_main&active_action=repository_view_main_item_detail&item_id=52&item_no=1&page_id=13&block_id=21

北野陽平（２０１９）「インドネシアにおけるＰ２Ｐレンディングの発展と金融包摂」『野村資本市場クォータリー』２０１９年夏号。
http://www.nicmr.com/nicmr/report/repo/2019/2019sum14.pdf

経済産業省（２０１９）『通商白書２０１９』（第２章）「自由貿易に迫る危機と新たな国際秩序の必要性」
https://www.meti.go.jp/report/tsuhaku2019/pdf/2019_zentai.pdf

国際協力銀行、海外投融資情報財団（２００７）「イスラム金融の概要」
https://www.joi.or.jp/pdf/0704_IslamicFinance.pdf

佐藤幸人（２００２年）「台湾：エイサーの戦略とグローバリゼーション」日本貿易振興会アジア経済研

究所『発展途上国の企業とグローバリゼーション』第7章。
https://core.ac.uk/download/pdf/288461945.pdf
佐野淳也（2020）「中国の産業支援策の実態―ハイテク振興重視で世界一の強国を追求―」『JRIレビュー』Vol.3、No.75。
https://www.jri.co.jp/MediaLibrary/file/report/jrireview/pdf/11597.pdf
澤田貴之（2017）「フィリピンのコングロマリットと多角化戦略―JGサミット・グループとサンミゲル・グループを中心にして―」『名城論叢』7月号。
http://wwwbiz.meijo-u.ac.jp/SEBM/ronso/no18_1/04_SAWADA.pdf
塩地洋（2016）「新興国におけるモータリゼーションの析出方法―標準保有台数とSカーブを指標として―」『アジア経営研究』第22巻。
https://www.jstage.jst.go.jp/article/jamsjsaam/22/0/22_4/_pdf
週刊東洋経済（2015）『斜陽の王国　サムスン』週刊東洋経済Eビジネス新書No.135、東洋経済新報社。
徐誠敏（2012）「先進国市場と新興国市場におけるサムスン電子の躍進要因に関する研究」
https://www.fujifilm.com/fb/company/social/next/foundation/pdf/697_2009.pdf
鳥居塚和成「インドにおけるBOP市場とCSV～ヒンドゥスタン・ユニリーバを代表例として～」。
http://www2.econ.tohoku.ac.jp/~takaura/19toriiitsuka

中川威雄（２０１３）「中国最大の製造業『フォックスコン』のものづくり」『素形材』Vol.54、No.6。
http://sokeizai.or.jp/japanese/publish/200706/201306nakagawa.pdf
中村みゆき（２０１１）「政府系ファンド（ＳＷＦｓ）における投資戦略—シンガポール・テマセク持株会社の事例を中心に—」『創価経営論集』第35巻、第１・２・３号。
https://www.soka.ac.jp/files/ja/20170419_144304.pdf
日本経済新聞「私の履歴書　タニン・チャラワノン」２０１６年7月1日〜31日。
みずほコーポレート銀行産業調査部（２００８）「ＩＴ産業におけるインドを核としたグローバル化の潮流」『みずほ産業調査』Vol.28、No.2。
https://www.mizuhobank.co.jp/corporate/bizinfo/industry/sangyou/pdf/1028_01.pdf
御手洗久巳（２０１１）「韓国企業のグローバル経営を支える組織・機能　サムスン電子を事例として」『知的資産創造』11月号。
https://dl.ndl.go.jp/view/download/digidepo_8308826_po_cs20111104.pdf?contentNo=1&alternativeNo=
楊永良（２０１７）「中国国有企業ガバナンス改革の視点—シンガポール・テマセクモデルを参考に—」『六甲台論集 法学政治学篇』64（1）。
http://www.lib.kobe-u.ac.jp/repository/81009962.pdf

【英語文献】

〈書籍〉

Renu Saran (2011), *Narayana Murthy and The Legend of Infosys*, Diamond Pocket Books.

Ritu Singh (2013), *N R Narayana Murthy: A Biography*, RAJPAL&SONS.

〈論文・レポート〉

Erran Carmel (2006), "Building Your Information Systems from the Other Side of the World: How Infosys Manages Time Zone Differences," University of Minnesota, *MIS Quarterly Executive* Vol 5. No. 1/ Mar. 2006.
http://fs2.american.edu/carmel/www/papers/timeinfosys.pdf

Temasek Review, 2004~2020.
https://www.temasek.com.sg/en/our-financials/library/temasek-review

【中国語文献】

〈書籍〉

孫力科（2017）『任正非伝』浙江人民出版社。

〈論文・レポート〉

東方財富証券（２０１９）「電子設備行業専題研究　大基金一期投資碩果累累、二期蓄勢待発」。
https://pdf.dfcfw.com/pdf/H3_AP201912311373119321_1.pdf?1577789587000.pdf

著者略歴

村山　宏（むらやま・ひろし）

日本経済新聞編集委員。

1986 ～ 87 年、上海の復旦大学法学部に留学、1989 年、早稲田大学法学部卒業、日本経済新聞社入社。香港支局記者、台北支局長、アジア編集総局編集部長兼編集委員（バンコク駐在）を経て、現職。このほか長年、日経の英語媒体、*NIKKEI Asia* や、中国語媒体、日経中文網に執筆を続けている。

主な著書：『中国　人口減少の真実』（日経プレミア、2020 年）、『異色ルポ 中国・繁栄の裏側』（日経ビジネス人文庫、2002 年）、『中国「内陸」発』（1999 年、日本経済新聞社）

日経文庫 1444

アジアのビジネスモデル

――新たな世界標準――

2021 年 10 月 15 日　1 版 1 刷

著　者　　村山 宏

発行者　　白石 賢

発　行　　日経 BP
　　　　　日本経済新聞出版本部

発　売　　日経 BP マーケティング
　　　　　〒 105－8308　東京都港区虎ノ門 4－3－12

装幀　　　next door design
組版　　　マーリンクレイン
印刷・製本　三松堂株式会社

 ISBN978－4－532－11444－2
Printed in Japan